JN037136

NHK 100分 de 名著 ブックス

法華経

Saddharmapuṇḍarīka-sūtra

誰でもブッダになれる

植木雅俊

NHK出版

はじめに——思想として『法華経』を読む

以前、明治学院大学で日本文化論の授業を担当していた先生が急病で倒れ、ピンチヒッターを頼まれたことがありました。主に留学生向けの授業だったため、『法華経《ほけきよう》』と『維摩経《ゆいまきよう》』の一部を英訳して朗読し、解説するという授業を行なったのですが、英訳したことで経典に書かれている内容を理解したのでしょう。授業が終わって日本人の学生が近づいてきて言うのです。「仏教っておもしろいんですね」と。「何だと思っていたの?」と聞くと、「葬式のおまじないかと思っていました」。「違います。仏教の経典は文学であり、詩であり、思想だから、おもしろいですよ」と私が言うと、その学生は感心していました。

そのとき私は、仏教に関しては日本人はかわいそうな国民だな、と思ったのです。インドではお経の内容はみんな理解できました。釈尊《しやくそん》はマガダ語*1で教えを説きましたが、弟子たちがサンスクリット*2に訳して広めた方がよいかと問うと、釈尊は「その必要はない。その地域で語られているめいめいの言葉で語りなさい」と言っていたからです。中国ではそれが漢訳されました。中国語になったわけですから、たとえ字が読めなくても読んで聞かせてもらえばみんな理解できたことでしょう。

ところが日本では、お経は漢訳の音読みという形で広まりました。ですからほとんどの人にとって意味は分からない。六世紀の仏教伝来以来、私たちはその内容を知らずに千五百年ほどを過ごしてきたわけで、これは本当にもったいないことです。お経は現代語訳してもっとみんなに知られるべきだ。私はそう考えました。

その授業に先立つ二〇〇二年、私は「仏教におけるジェンダー平等思想」についての研究で博士号を取得しました。学位論文執筆の過程で、『法華経』のサンスクリット原典、中国魏晋南北朝時代の訳経僧《やっきょうそう》・鳩摩羅什《くまらじゅう》*3による漢訳とあわせて、岩波文庫から出ていた岩本裕《いわもとゆたか》による和訳を読み比べてみたのですが、岩本訳に多くの疑問を感じました。

例えば、「転輪王《てんりんおう》たち*4は、幾千万億の国土をひきつれて来ており」という表現があります。王が「国土を引き連れてくる」というのはどういうことなのでしょうか。私はサンスクリット原典に基づいて、「多くの国土から、やってきた転輪王たち」と翻訳しました。また、釈尊が過去世において仙人の奴隷として仕えた場面は、岩本訳では「寝床に寝ている聖仙の足を支えた」とありました。仙人というのは、足を他人にがっちりと支えられて、安眠できるのでしょうか。サンスクリット原典を見ると「足」は複数形になっています。実はサンスクリットで複数は三以上のことで、岩本訳では、仙人に足が三本以上あったことになります。しかし、ここは釈尊が四つん這《ば》いになって、仙人が寝ている寝台の脚の代わりを担ったという意味なのです。ちなみに鳩摩羅什はこれらをいずれも正しく訳しています。

そこで私は、八年をかけて、サンスクリット原典からの『法華経』の和訳に取り組みました。そうして上梓したのが『梵漢和対照・現代語訳　法華経』（上下巻、二〇〇八年、岩波書店）です。左頁《ページ》の上段にサンスクリット原典、同下段に鳩摩羅什による漢訳の書き下し文、右側の頁に私の現代語訳を対照させて並記し、なぜ私の訳になったのかを説明した詳細な注釈を付けました。その後、その本が重厚で持ち歩くには不便なため、ハンディーで「耳で聞いただけで分かる訳を」という要望に応える形で訳文を大幅に見直し、普及版の『サンスクリット原典現代語訳　法華経』（上下巻、二〇一五年、岩波書店）を出しました。

今回はその後に出版した『サンスクリット版縮訳　法華経　現代語訳』（角川ソフィア文庫、二〇一八年）の訳文を引用しつつ、『法華経』にはいったいどんなことが書いてあるのか、なぜそんなことが書いてあるのかを、皆さんにお話しできればと思います。

『法華経』は「諸経《しょきょう》の王」と言われます。これは、『法華経』が「皆成仏道《かいじょうぶつどう》」（皆《みな》、仏道を成《じょう》ず）、つまりあらゆる人の成仏を説いていたからです。誰をも差別しないその平等な人間観は、インド、ならびにアジア諸国で古くから評価されてきました。

日本でも仏教伝来以来、『法華経』は重視されてきました。飛鳥時代、奈良時代を見ても、聖徳太子*5は『法華経』の注釈書『法華経義疏《ぎしょ》』*6（六一五年）を著し、七四一年に創建された国分尼寺《こくぶんにじ》*7では『法華経』が講じられました。尼寺ですから、女人成仏が説かれた経典として注目されたのでしょう。鎌倉時代に入っても、道元《どうげん》*8が『正法眼蔵《しょうぼうげんぞう》』*9の中で最も多く引用している経典は『法華経』ですし、日蓮《にちれん》*10は、『法華経』独自の菩薩である「地涌《じゆ》の菩薩《ぼさつ》」「常不軽《じょうふきょう》菩薩」をわが身に引き当て、「法華経の行者」として『法華経』を熱心に読みました。

『法華経』はまた、文学や芸術にも影響を与えています。『源氏物語』には、八巻から成る『法華経』を朝夕一巻ずつ四日間でレクチャーする「法華八講」の法要が光源氏や藤壺、紫の上などの主催*11で行なわれる場面が出てきます。『法華経』の教えを分かりやすく説いた説話集や、『法華経』の考え方を根拠にした歌論、俳論も多く書かれていますし、近代では宮沢賢治*12が『法華経』に傾倒していたことはよく知られています。美術の分野でも、長谷川等伯《はせがわとうはく》*13、狩野永徳《かのうえいとく》*14などの狩野派の絵師たち、本阿弥光悦《ほんあみこうえつ》*15、俵屋宗達《たわらやそうたつ》*16、尾形光琳《おがたこうりん》*17など、安土桃山時代から江戸時代の錚々《そうそう》たる芸術家たちが法華宗を信仰していました。

『法華経』には、一見すると非常に大げさな、現代人の感覚ではつかみがたい巨大なスケールの話が次から次へと出てきます。しかし、その一つひとつにはすべて意味があります。私は『法華経』をサンスクリット原典から翻訳する中で、その巧みな場面設定に込められた意味、サンスクリット独特の掛詞《かけことば》で表現された意味の多重性、そして、そこに貫かれた平等思想を改めて発見することができました。そうした表現が持つ意味を解説しながら、あらゆる人が成仏できると説いた『法華経』の思想を読み解いていくことにしましょう。

＊1　マガダ語

釈尊が修行し、覚りを開き、伝道を行なった、北インドのガンジス河中流域を支配していた強国マガダ国とその周辺地域で用いられた地方語。文献資料は現存しないが、パーリ語に近似した語と推定されている。

＊2　サンスクリット

「完成された、洗練された言語」という意味の名を持つインドの言語。「梵語」「サンスクリット語」とも。インド最古のバラモン教の聖典群「ヴェーダ」（紀元前十三～六世紀）に用いられた古語を、前五～前四世紀に規範化し、文章語・雅語として整備。

＊3　鳩摩羅什

三四四～四一三。西域の都市国家クチャ（亀茲《きじ》国。現、中国・新疆ウイグル自治区）出身の学僧。父はインド人。後秦の都・長安に迎えられて訳経に従事、『法華経』『般若経』『維摩経』『阿弥陀経』など三十五部三百余巻の仏典を漢訳した。

＊4　転輪王

古代インドの伝説上の理想の帝王で、転輪聖《じょう》王《おう》とも。天から得た神聖な車輪を転がすことにより、武力を用いずに全世界を平定するとされる。

＊5　聖徳太子

五七四～六二二。厩戸皇子《うまやどのおうじ》。用明天皇の皇子で、推古天皇の摂政《せっしょう》皇太子として、冠位十二階の制定、憲法十七条の発布、遣隋使《けんずいし》の派遣などを行なう一方、深く仏教に帰依した。

＊6　『法華経義疏』

聖徳太子が著したとされる三経義疏の一つ（他は『勝鬘《しょうまん》経義疏』『維摩経義疏』）で、鳩摩羅什訳『妙法蓮華経』の注釈書。全四巻。『法華義疏』とも。

＊7　国分尼寺

聖武《しょうむ》天皇の勅願により国分寺とともに諸国に創建された尼寺。正式名「法華滅罪之寺」、略称「法華寺」で、奈良・法華寺を総国分尼寺とした。

＊8　道元

一二〇〇～五三。鎌倉時代の僧。比叡山で出家。二十代で宋に渡って曹洞禅《そうとうぜん》を学び、帰国して曹洞宗を開く。ただひたすらに坐禅を行なう「只《し》管打坐《かんたざ》」を説いた。

＊9　『正法眼蔵』

道元の主著（一二三一～五三、未完）。九十五巻。仏法の真理、修行の在り方、宗門の規則などを和文で叙述。

＊10　日蓮

一二二二～八二。鎌倉時代の僧。安房で出家。比叡山延暦寺などに留学、法華至上主義に到達し、布教を開始。辻説法や著書での激烈な幕府・諸宗批判により伊豆・佐渡へ流された。

＊11　光源氏や藤壺……の主催

「さやかに見え給ひし夢の後は、院の帝の御事を、心にかけ聞え給ひて、……神無月に、御八講し給ふ。」（「澪標」、光源氏主催）。「十二月十余日ばかり、中宮の御八講なり。いみじう尊し。」（「賢木」、藤壺主催）。

＊12　宮沢賢治

一八九六～一九三三。詩人・童話作家。岩手県花巻出身。浄土真宗の濃密な信仰の中で育ち、のち熱烈な法華信者となる。作品の多くは宗教心と科学精神に支えられている。

＊13　長谷川等伯

一五三九～一六一〇。桃山～江戸初期の絵師。能登の人。金碧障壁画（「楓図」など）・水墨画（「松林図屏風」など）に独自の作風を確立。

＊14　狩野永徳
一五四三〜九〇。安土桃山時代の絵師。日本画の流派「狩野派」の第五代。城・寺院の華麗で力強い障壁画を得意とした。「唐獅子図屏風」など。

＊15　本阿弥光悦
一五五八〜一六三七。桃山〜江戸前期の京の芸術家。家職（刀剣鑑定）のほか、書・陶芸・漆芸に秀で、晩年は洛北鷹峯に芸術家村を作った。

＊16　俵屋宗達
桃山〜江戸初期の京の絵師。生没年不詳。扇面画の工房「俵屋」を主宰。装飾的で生命感あふれる新様式の画風を創造。「風神雷神図屏風」など。

＊17　尾形光琳
一六五八〜一七一六。江戸中期の京の絵師。繊細で装飾性に富む画風を確立（のち琳派として受け継がれる）。「燕子花図屏風」「紅白梅図屏風」など。

目次

※本書における『法華経』の引用は、植木雅俊訳『サンスクリット版縮訳
法華経　現代語訳』（角川ソフィア文庫）に拠ります。

第1章——全てのいのちは平等である

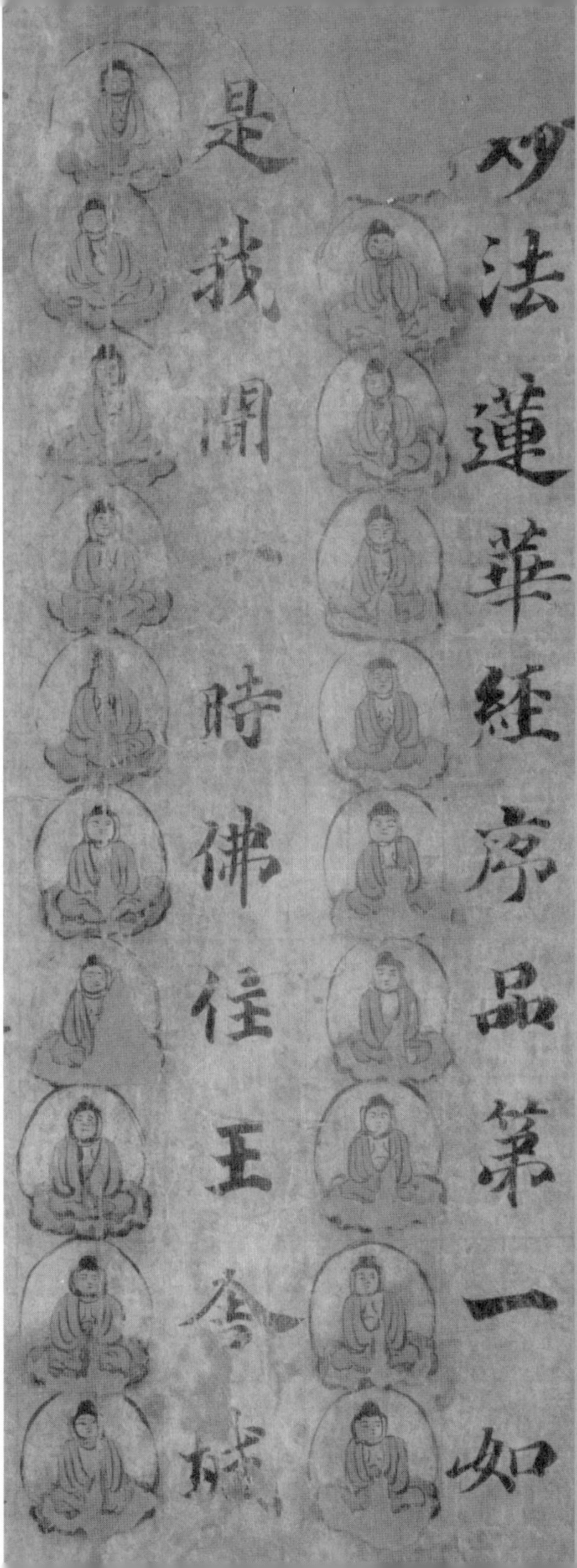
妙法蓮華經序品第一如
是我聞一時佛住王舍城

インド仏教史の概要

『法華経』は、釈尊（お釈迦《しゃか》さま）が亡くなって五百年ほど経った頃（一世紀末～三世紀初頭）に、インド北西部で編纂《へんさん》されたと考えられています。『法華経』の説く思想は、この時代、特に当時の仏教界が直面していた課題と密接に関係しています。そこで、まずはインド仏教史の概略からお話しすることにしましょう。これを知っておくと、『法華経』という経典の位置づけが分かり、内容もより理解しやすくなります。

最初は原始仏教の時代です。原始仏教とは初期仏教とも言い、釈尊在世（中村元《なかむらはじめ》[1]先生によると、前四六三～前三八三）の頃、および直弟子たちがまだ生きている頃の仏教を指します。

紀元前三世紀頃、インド亜大陸をほぼ統一したアショーカ王[2]の命により、息子（あるいは弟）のマヒンダ[3]によってセイロン（現スリランカ）に仏教が伝えられました。アショーカ王の妻の出身地が西インドで、マヒンダはそこで話されていたパーリ語[4]の仏典をセイロンに伝えたため、ここにパーリ語で原始仏教が保存されることになりました。釈尊の生の言葉に近いものが残ったわけで、これは後世の我々にとって本当に幸運なことでした。

釈尊滅後百年ほどが経った頃、紀元前三世紀に第二回仏典結集《けつじゅう》[*5]が行なわれ、そこで仏教教団は保守的な上座部《じょうざぶ》と進歩的な大衆部《だいしゅぶ》に分裂します（根本分裂）。それがさらに枝分かれし、二十の部派にまで広がります（枝末《しまつ》分裂）。その中で最も有力だったのが、説一切有部《せついっさいうぶ》という部派です。権威主義的で資金も豊富であり、後に「小乗《しょうじょう》仏教」と批判されるのはこの部派のことを指します。小乗仏教という言葉は、一般的には大乗《だいじょう》仏教以外の仏教すべてというようなかなり曖昧《あいまい》な使われ方がされていますが、龍樹《りゅうじゅ》[*6]の著とされる『大智度論《だいちどろん》』によると、厳密にはこの説一切有部のことです。以下、本書で小乗仏教と言う場合は、この説一切有部のことを指します。

こうして、紀元前三世紀末頃までに、仏教は説一切有部を最有力とする部派仏教の時代に入りました。

そして前二世紀頃、「覚《さと》りが確定した人」を意味する「菩薩」の概念が現れます。これは覚りを得る前、ブッダになる前の釈尊を意味するものとして、小乗仏教が発明した言葉です。釈尊滅後、その言動を記したさまざまな仏伝が書かれるようになりますが、「あれだけ偉大な釈尊なのだから、過去にはきっと遥かな長い時間をかけて修行されたに違いない」という思いから、長い修行のある時点で、燃燈仏《ねんとうぶつ》（ディーパンカラ）[*7]という仏が「あなたは将来、仏になるだろう」と釈尊に予言（授記《じゅき》）した、という物語が作られました。そこで、仏になることは確定したが、まだ仏になっていない状態の釈尊を何と呼ぶかということで、覚り（bodhi《ボーディ》）と人（sattva《サットヴァ》）をつなげて bodhi-sattva《ボーディ サットヴァ》（菩提《ぼだい》薩埵《さった》、略して菩薩）とし、「覚りが確定した人」という意味の言葉ができたのです。

これに対して、紀元前後頃、菩薩という言葉の意味を塗り替える動きが興《おこ》ります。すなわち、bodhi-sattva を「覚り（bodhi）を求める人（sattva）」と読み替え、覚りを求める人は誰でも菩薩であると考える大乗仏教が興ったのです。小乗仏教では菩薩と呼べる存在は釈尊と未来仏の弥勒《みろく》（マイトレーヤ）*8だけでした。それをあらゆる人に解放したのです。

しかし、大乗仏教が興ったからと言って小乗仏教がなくなったわけではありません。勢力としてはむしろ小乗仏教の方が大きく、大乗仏教の方はまだ小さな勢力でした。こうした大小併存の時代の中で、まず、大乗仏教の側から小乗仏教の出家者たちを痛烈に批判する『般若経《はんにゃきょう》』*9が成立します。そして紀元一～二世紀頃には、保守的で権威主義的な部派仏教を糾弾する『維摩経』*10が成立しました。

こうした流れに対し、紀元一～三世紀頃、小乗と大乗の対立を止揚《しよう》*11（アウフヘーベン）する、つまり対立を対立のままで終わらせず、両者を融合させてすべてを救うことを主張するお経が成立しました。それが『法華経』なのです。

釈尊滅後の仏教の変容

このように、仏教は釈尊滅後五百年の間に大きく変容しました。何がどう変わったのか、具体的なポイントを五つ指摘しておきます。

①修行の困難さの強調と釈尊の神格化

原始仏教の経典『スッタニパータ』[*12]では、覚りは「まのあたり即時に実現され、時を要しない法」とされていました。生まれ変わって長年修行する必要などなく、〝今〟と〝ここ〟でこの〝我が身〟を離れることなく、あなたは覚ることができます、という即《そく》身《しん》成仏、一生《いっしょう》成仏が説かれていました。ところが部派仏教の時代になると「歴劫修《りゃっこうしゅ》行《ぎょう》」という言葉が出てきます。「劫」[*13]というのは天文学的に長い時間の単位のことで、非常に長い時間をかけて修行をしてやっとブッダになれることを意味する言葉です。その長さは具体的には「三阿僧祇劫《さんあそうぎこう》」とされ、これは現代の数字に換算すると、私が計算したところでは$3 \times 10^{59} \times 10^{24}$年、すなわち3のあとに0が八十三個続くという膨大な年数でした（植木雅俊・橋爪大三郎著『ほんとうの法華経』三一〇頁参照）。そんな、想像を絶するような長い時間をかけて修行したからこそ、釈尊は仏になれたのだと神格化したのです。さらに、釈尊を祭り上げることによって、自分たち出家者を、それに次ぐ者として権威づけたのです。

②釈尊の位置づけの変化

原始仏教の経典を読むと、釈尊自身が「私は人間である」「皆さんの善知識《ぜんちしき》（善き友）である」と言っています。「ブッダ」はサンスクリットで「目覚めた」という意味の言葉ですが、原始仏教の経典では複数形でも出てきます。つまり、ブッダは釈尊だけではなかったのです。また弟子たちも、釈尊に「ゴータマさん」と気軽に呼びかけ、「真の人間である目覚めた人」とも呼んでいました。そこにあるのは人間としてのブッダ＝釈尊の姿です。

ところが、説一切有部の論書ではそれが「私は人間ではない、ブッダである」という言葉に変わります。部派仏教においては、釈尊は三十二相という特徴を持つとされます。例えば眉間白毫相《みけんびやくごうそう》（眉間に白い巻き毛がある）、手足指縵網相《しゆそくしまんもうそう》（手足の指を広げると指の間に水かきがある）、正立手摩膝相《しようりつしゆましつそう》（気をつけの姿勢で指先が膝より下まで届く）などで、そうやって釈尊を人間離れした存在に祭り上げたのです。また、説一切有部の論書には「私を長老やゴータマなどと呼ぶ輩《やから》は激しい苦しみを受けるであろう」

という言葉を、釈尊が語ったかのようにして書き足しています。説一切有部が「菩薩」という言葉を発明し、それを釈尊に限定したのは、さきほど説明した通りです。

③覚りを得られる人の範囲

原始仏教では、出家・在家、男女の別なく覚りを得ていました。釈尊が初めて教えを説いたときのことが、「そのときじつに世に五人の尊敬されるべき人（阿羅漢《あらかん》）あり、世尊を第六とする」と記されています。阿羅漢とはサンスクリットのarhat《アルハット》の音写で、もともとはブッダの別称でした。ですからこの五人は覚りを得たということです。そして六番目が世尊、つまり釈尊だと言っている。しかも覚りの内容は、釈尊の場合も五人の場合も同じ表現で書かれています。

また原始仏典には、在家のままで聖者の最高の境地に達した王について、森林に住んで精励する必要はなかったという記述も見られます。そして、女性ももちろん覚りを得ていました。弟子の阿難《あなん》（アーナンダ[*14]）が釈尊に「女性は阿羅漢に到ることができないのですか」と聞いたとき、釈尊は「女性も阿羅漢に到ることができます」と答えています。女性出家者の体験を綴った詩集、拙訳『テーリー・ガーター　尼僧たちのいのちの讃歌』（角川選書、二〇一七年）を読むと、女性出家者たちが「私は覚りました」「ブッダの教えをなし遂げました」「私は解脱《げだつ》しました」と口々に語っています。

ところが部派仏教になると、ブッダに到ることができるのは釈尊一人だけということにされてしまいます。出家者も阿羅漢にまでしか到ることができないとして、ここで阿羅漢のランクをブッダより一つ下げるという操作がなされます。もともとはブッダも阿羅漢も同列でしたが、阿羅漢をワンランク下げることで、「出家者はブッダに到ることはできないが、阿羅漢にまでは到ることができる」としたのです。そして、在家者は阿羅漢に到ることもできないし、女性は穢《けが》れていて成仏もできないとされました。これは、小乗仏教の差別思想でした。

④仏弟子の範囲

原始仏教では、出家・在家、男女の別なく「仏弟子《ぶつでし》」と呼ばれていました。原始仏典には、「智慧《ちえ》を具《そな》えた聖なる仏弟子である在家者《ざいけしゃ》」というような表現までありました。「在家者」にかかる修飾語が、「智慧を具えた聖なる仏弟子」なのです。ここは、「道を汚す」出家者と比較して論じられていることに注目すべきです。

ところが部派仏教では、在家者と女性を仏弟子の範疇《はんちゅう》から除外します。説一切有部では、その地域で話されている言葉に代えて、いち早くサンスクリットを使い始めまし

■「仏弟子」を表す言葉

	原始仏教（パーリ語） 出家	原始仏教（パーリ語） 在家	部派仏教（サンスクリット） 出家	部派仏教（サンスクリット） 在家
男性	sāvaka	sāvaka	śrāvaka	—
女性	sāvikā	sāvikā	—	—

た。パーリ語で書かれた原始仏典には、男性出家者、男性在家者、女性出家者、女性在家者のそれぞれに対応して「仏弟子」というパーリ語が存在していましたが、サンスクリットに切り替えられると、男性出家者以外で「仏弟子」を意味する単語はなくなりました。つまり、仏弟子を男性出家者に限定して、在家者と女性を排除してしまったのです。

皆さんは「釈尊の十大弟子」[*15]という言葉をご存じでしょうか。仏弟子の中でも代表的な弟子のことで、智慧第一の舎利弗《しゃりほつ》（シャーリプトラ）[*16]、多聞《たもん》第一の阿難などがよく知られています。原始仏教では女性の智慧第一や説法第一もいて、女性も在家も平等に代表的仏弟子として数えられていましたが、小乗仏教では男性出家者に限定されてしまいます。

⑤釈尊の〝遺言〟

原始仏典では、死期が近くなった釈尊を見て不安になった阿難が、これから何をたよりにすればいいのかと問うたところ、釈尊は「今でも」「私の死後にでも」「誰でも」と前置きし、「自らをたよりとして、他人をたよりとせず、法をよりどころとして、他のものによることなかれ」[*17]と語りました（自帰依《じきえ》・法帰依《ほうきえ》）。それが〝遺言〟でした。成仏、すなわち覚りを得るというのは、真の自己に目覚めることであり、法に目覚めることです。そこに最高の境地が開けると釈尊は言っていたのです。

ところが部派仏教になると、それがストゥーパ（卒塔婆《そとば》）信仰に変わります。ストゥーパ、つまり釈尊の遺骨（仏舎利《ぶっしゃり》）を収めた塔への信仰に変質したのです。また、聖地信仰も興ります。これは、①釈尊が誕生した場所、②覚りを得た場所、③初めて教えを説いた場所、④涅槃《ねはん》の場所の四つをアショーカ王が巡礼し、石柱を立てたことに始まるのですが、それが徐々に定着し、そこを訪れることが信仰であるかのようになってしまいました。「自己」と「法」を尊重することから逸脱してしまったのです。

しかも、部派仏教は信徒たちに莫大な布施を要求するようになります。当時、インドではローマ帝国[*18]との交易が始まり、胡椒《こしょう》などの取引によって大量の金貨が流入し、大きな利益を手にする人たちが出てきていました。部派仏教の信徒の中にもそうした人たちが現れ、教団に布施をするわけです。しかも大地主が荘園《しょうえん》を寄進したりもしますから、教団には土地もたくさんある。ただ、出家者は現金に手を触れてはいけないという戒律《かいりつ》がありました。そこで彼らは在家者の財産管理人を雇い、その人たちに利子を取って貸付を行なわせました。釈尊は、利子を取って貸付することを在家者には許していましたが、出家者には許していませんでした。説一切有部は、自分たちの行ないを正当化するために戒律を書き加えます。「僧伽《そうぎゃ》（教団）のためには利潤を求むべし」（『根本説一切有部毘奈耶《こんぽんせついっさいうぶびなや》』）。これを釈尊が語ったかのように書き加えたのです。

このように、説一切有部は自分たちに都合の悪いところは仏典から削除し、都合のいいことを書き加えるという改竄《かいざん》を行なっていました。当時の部派仏教の様子を、私が多大な学恩をこうむった仏教学者の中村元先生は次のようにまとめています。

伝統的保守的仏教諸派は確固たる社会的勢力をもち、莫大な財産に依拠し、ひとりみずから身を高く持し、みずから身をきよしとしていたために、その態度はいきおい独善的高踏的であった。彼らは人里離れた地域にある巨大な僧院の内部に居住し、静かに瞑想し、坐禅を修し、煩瑣な教理研究に従事していた。自分自身だけの解脱、すなわち完全な修行者（阿羅漢）の状態に達してニルヴァーナ（涅槃）にはいることをめざし、そうして彼岸の世界に最高の福祉を求め、生前においては完全な状態には到達しえないという。こういう理想を追求する生活は、ただ選ばれた少数者だけが修行僧（ビク）としての生活を送ることによってのみ可能である。
（『古代インド』二七六～二七七頁）

彼らは「自分自身だけの解脱」を目指し、民衆のことなど考えてはいなかったのです。

大乗仏教の対応と『法華経』の成立

そうした状況の中で、大乗仏教が興ります。大乗仏教は、以前は小乗教団の外側で興ったと考えられていましたが、現在では小乗教団の内部から、改革派として興ったとする説が有力です。

さきほど述べたように、大乗仏教はまず「菩薩」をあらゆる人に解放しました。bodhi-sattvaを「覚りが確定した人」から「覚りを求める人」に読み替え、あらゆる人が成仏できると主張したのです。しかし、彼らはそこに二つだけ例外を作りました。「声聞《しょうもん》」と「独覚《どっかく》」の二つ（二乗《にじょう》）です。「声聞」とは師についてその教えを聞いて学ぶ人のことで、もともとは仏弟子一般を表す言葉でした。ところが小乗仏教では、これを小乗仏教の男性出家者に限定したことから、大乗仏教では小乗仏教を批判する言葉として用いるようになります。「独覚」とは師につかず単独で覚りを目指す（または開いた）小乗仏教における出家者のことです。大乗仏教では、これら小乗仏教の出家者は仏になれないとしていました（二乗不作仏《にじょうふさぶつ》）。これは、大乗側の差別思想でした。大乗仏教では声聞と独覚を「炒《い》れる種子《たね》」と呼んでいます。植物の種をフライパンで炒ったら、もうその種から芽が出ることはありません。そのような譬《たと》えで、これら二乗には永久に成仏の芽は出ないと批判したのです。

このように、小乗には小乗の、大乗には大乗の差別思想がありました。そこで、両者の差別思想と対立を克服し、普遍的平等思想を打ち出すという課題を受けて成立したのが『法華経』なのです。『法華経』では、当時の仏教界に対する批判的な主張が、直接的な形でなされているわけではありません。場面設定の仕方、登場人物の選び方など間接的な表現で皮肉や批判が、騙《だま》し絵のように散りばめられています。それに気づかなければ、「この経典にはなんだか不思議なことがいっぱい書いてある」と思うだけで、サラッと素通りして読み終えてしまうことでしょう。

現に江戸時代の町人学者・富永仲基《とみながなかもと》*19などは「法華経はほめる言葉ばかりで中身が何もない」と言っています。しかし、当時の時代背景を踏まえて注意深く読めば、そこには当時の仏教界への批判と反省の主張が巧みに散りばめられていることが分かります。

そして何より、『法華経』に一貫しているのは「原始仏教の原点に還《かえ》れ」という主張です。「今の仏教は本来の仏教とは違う」という考えから、小乗・大乗それぞれの問題点を浮き彫りにし、それを乗り越えようとして生み出されたのが『法華経』なのです。

『法華経』の構成

長い間、『法華経』のサンスクリット原典の写本は残っていないだろうと考えられてきました。一二〇三年のイスラム教徒によるヴィクラマシラー寺院の破壊[*20]をもって、インドの仏教徒は実質的にゼロ（現在でも全人口の〇・八％）になったため、それ以降、経典が書写されることはなかったでしょう。また、雨季のモンスーンがもたらす雨で、一面が水浸しになるインドでは、棕櫚《しゅろ》の葉に書かれた写本は腐食してしまうため、残ることは困難です。

ところが一八三七年、東インド会社の駐在公使としてネパールに赴任したブライアン・H・ホジソンというイギリス人が、そこでサンスクリットの『法華経』写本を発見します。ネパールではまだ書写が行なわれていたのです。その写本を、オランダ人の仏教学者J・H・C・ケルン[*21]と南条文雄《なんじょうぶんゆう》[*22]が校訂し、一九〇八～一二年にかけて出版されました。これが「ケルン・南条本」と呼ばれるもので、私もこれを基に現代語訳を行な

法華経の構成（サンスクリット原典と漢訳）

説所	サンスクリット原典（ケルン・南条本）	漢訳（鳩摩羅什訳）
霊鷲山	第一章 序	序品第一
	第二章 巧みなる方便	方便品第二
	第三章 譬喩	譬喩品第三
	第四章 信順の志	信解品第四
	第五章 薬草	薬草喩品第五
	第六章 予言	授記品第六
	第七章 過去との結びつき	化城喩品第七
	第八章 五百人の男性出家者たちへの予言	五百弟子受記品第八
	第九章 アーナンダとラーフラ、そのほか二千人の男性出家者への予言	授学無学人記品第九
	第十章 説法者	法師品第十
虚《こ》空《くう》	第十一章 ストゥーパの出現	見宝塔品第十一
	〃 ストゥーパの出現＝続き	提婆達多品第十二
	第十二章 果敢なる努力	勧持品第十三
	第十三章 安楽の住所	安楽行品第十四
	第十四章 大地の裂け目からの菩薩の出現	従地涌出品第十五
	第十五章 如来の寿命の長さ	如来寿量品第十六
	第十六章 福徳の分別	分別功徳品第十七
	第十七章 喜んで受け容れることの福徳の表明	随喜功徳品第十八
	第十八章 説法者に対する讃嘆	法師功徳品第十九
	第十九章 常に軽んじない〔のに、常に軽んじていると思われ、その結果、常に軽んじられることになるが、最終的には常に軽んじられないものとなる〕菩薩	常不軽菩薩品第二十
	第二十章 如来の神力の顕現	如来神力品第二十一
	第二十一章 ダーラニー	陀羅尼品第二十六
	第二十二章 〝薬の王〟の過去との結びつき	薬王菩薩本事品第二十三
	第二十三章 明瞭で流暢に話す声を持つもの	妙音菩薩品第二十四
	第二十四章 あらゆる方向に顔を向けた〝自在に観るもの〟の神変についての教説	観世音菩薩普門品第二十五
	第二十五章 〝美しく荘厳された王〟の過去との結びつき	妙荘厳王本事品第二十七
	第二十六章 〝普く祝福されている人〟による鼓舞	普賢菩薩勧発品第二十八
霊鷲山に復帰	第二十七章 付嘱	嘱累品第二十二

（網掛け）＝後世に付け足された章

いました。

ここで『法華経』の構成を紹介します。31ページに表を掲げておきました。『法華経』は釈尊滅後五百年頃に編纂されたものですが、釈尊が弟子に教えを説いて聞かせるという体裁をとっています。表の左の列にある通り、釈尊が教えを説いた場所は、はじめは霊鷲山《りょうじゅせん》＊23という山です。これは実際にインドにある低い山です。第十一章から空中（虚空《こくう》）に移り、最後にまた霊鷲山に戻ってきます。

表の真ん中の列がサンスクリット原典（ケルン・南条本）の章立て、右の列が漢訳の鳩摩羅什訳の章立てです。見ていただくと分かる通り、第十一章の途中から両者で章立てが変わってきます。これは、漢訳の「提婆達多品《だいばだったほん》第十二」にあたる箇所があとから追加され、それを第十一章の続きとするか、単独の章として入れるかで違いが出たためです。

また、サンスクリット原典で第二十七章になっている「付嘱《ふぞく》」は、漢訳では「嘱累品《ぞくるいぼん》第二十二」となっています。『法華経』の原型は「嘱累品第二十二」で終わっていたようですが、後になって「陀羅尼品《だらにほん》第二十六（第二十一章）」「薬王菩薩本事品《やくおうぼさつほんじぼん》第二十三（第二十二章）」などの六つの章がそれに続けて追加され、鳩摩羅什はその形式の写本から漢訳しました。その後、経典における「嘱累品」は通常は経典の最後に来るものだという理由から、追加された六つの章の後ろに移されて、最後の第二十七章になりました。このような事情により、章（品《ほん》）の数字が前後しています。

本書における『法華経』の引用は拙訳によりますが、章名はよく知られた漢訳名を用い、例えば「第十五章『如来寿量品』（第十六）」というように、漢訳の品の番号を（）内に記すことにします。

後半に追加された六つの章について補足すると、実はこれらは、『法華経』本来の内容とは異質のものです。より庶民受けを狙って、現世利益や神がかり的な救済が説かれている。私としては、ない方がよかったのではないか、と思うくらいの箇所もあります。

当時の仏教界の様子を描く

それでは、いよいよ内容に入っていきましょう。

まずは第一章「序品《じよぼん》」（第一）です。序品は次のような言葉で始まります。

このように私は聞いた。ある時、世尊《せそん》は、千二百人の男性出家者の大集団とともに、王舎城《おうしやじよう》（ラージャグリハ）*24の霊鷲山（グリドラクータ山）で過ごしておられた。

（著者訳『サンスクリット版縮訳　法華経　現代語訳』二五頁）

仏教のあらゆる経典は、「このように私は聞いた（如是我聞《にょぜがもん》）」という一文で始まります。これは、釈尊が亡くなったあと弟子たちが教えを確認しあう仏典結集を行なった際、釈尊に常に随行していた多聞《たもん》第一の阿難が、まず「私はこのように聞きました」と切り出して、自分が覚えている釈尊の教えを語ったことから定着した形式です。千二百人の弟子と一緒だったというのも多くの経典に共通した書き出しで、数字は千二百五十人とするのが一般的です。

　続けて、主な弟子たちの名前が列挙されます。舎利弗、阿難などよく知られた仏弟子たちのほか、摩訶波闍波提《まかはじゃはだい》（マハー・プラジャーパティー）[*25]、耶輸陀羅《やしゅだら》（ヤショーダラー）[*26]などの女性たちもそれぞれ女性出家者を何千人と伴って参列しています。加えて、八万人の菩薩、二万の神々の子に伴われた帝釈天《たいしゃくてん》（シャクラ神）[*27]、三万の神々の子に伴われた四天王[*28]、一万二千人の神々の子に伴われた梵天《ぼんてん》（ブラフマー神）[*29]、天龍八部《てんりゅうはちぶ》衆《しゅう》[*30]などが参列しているとされ、拙訳『サンスクリット原典現代語訳　法華経』で数えると実に四ページ半にわたって長々と参列者の名前が列挙されます。そんな経典はほかにはありません。なぜ『法華経』にはこれほど多くの名前が列挙されているのでしょうか。それはおそらく、『法華経』があらゆる人の成仏を説く経典であることの象徴として、あらゆる階層の人々を列挙したからでしょう。

参列者たちの列挙が終わると、六つの瑞相《ずいそう》（めでたいことが起こる前兆）が出現します。まずは説法瑞《せっぽうずい》です。釈尊が「広大なる菩薩のための教えであり、すべてのブッダが把握している〝大いなる教説〟（無量義《むりょうぎ》）という名前の法門である経」を説きます。「広大なる（……）把握している」は、『法華経』を修飾する決まり文句です。つまり、釈尊が『法華経』を説いたということです。

ところが、釈尊がいきなり『法華経』のエッセンスを説き始めたものですから、参列者たちは理解できなかったのでしょう。釈尊は「これはまだ早かった」と言わんばかりに、瞑想（三昧《さんまい》）＊31に入ってしまいます。これが入定瑞《にゅうじょうずい》です。

そして雨華瑞《うけずい》（曼荼羅華《まんだらけ》などの花が天から降ってくる）、地動瑞《ちどうずい》（大地が震動する）、衆喜瑞《しゅきずい》（すべての人々が大いなる歓喜を得る）が起こり、さらには、釈尊の眉間の巻き毛の塊（白毫《びゃくごう》）から光が放たれ、東方の一万八千のブッダの国土を照らし出しました（放光瑞《ほうこうずい》）。そこには、譬喩や因縁によって説法するブッダたちがいたり、ストゥーパ信仰が盛んであったり、花や香や演奏でストゥーパに供養する人々がいたり、六波羅蜜《ろくはらみつ》＊32を修行する人々がいたり、人けのない荒野、あるいは岩の洞穴に住む人々がいたりなど、さまざまな仏道修行をする人たちの様子が浮かび上がりました。

この、さまざまな仏道修行をする人たちの様子は何を意味するのでしょうか。これは、『法華経』が編纂された当時の仏教界の現状を要約したものであると解釈するとよいでしょう。これから『法華経』を語るにあたって、仏教界の現状はこうですよ、と改めて示したわけです。照らし出した方角がなぜ東方だったのかと言えば、『法華経』が編纂されたのはガンダーラ[*33]を含む西北インドであり、そこからブッダガヤー[*34]や鹿野苑《ろくやおん》[*35]を見ると東になるからです。仏教の原点である東の方を照らし出して、「仏教界の現状はこうです」と示したと理解すればよいでしょう。

『法華経』を聞く心構えができる

この六つの驚くべき瑞相を見て、参列者はみな驚きました。「こんなことは見たことがない」「お前はどう思うか」とザワザワする。弥勒菩薩は人々の思いを察知して、自分も疑問を抱いていたので、弥勒菩薩がみんなを代表して文殊師利《もんじゅしり》（マンジュシリー）菩薩[*36]にこの瑞相の意味を尋ねます。文殊師利菩薩は多くのブッダのもとで修行をしてきていますから、その意味が分かるに違いないと思ったのです。

すると文殊師利菩薩は、自分はこのような瑞相をかつて何度も見たことがある、今まで「日月燈明如来《にちがつとうみょうにょらい》」という共通の名を持つ二万人の仏たちがいて、彼らすべてがこうした瑞相を見せたあとに必ず『法華経』を説かれた、という話をします。二万人の仏た

■仏教の四大霊場

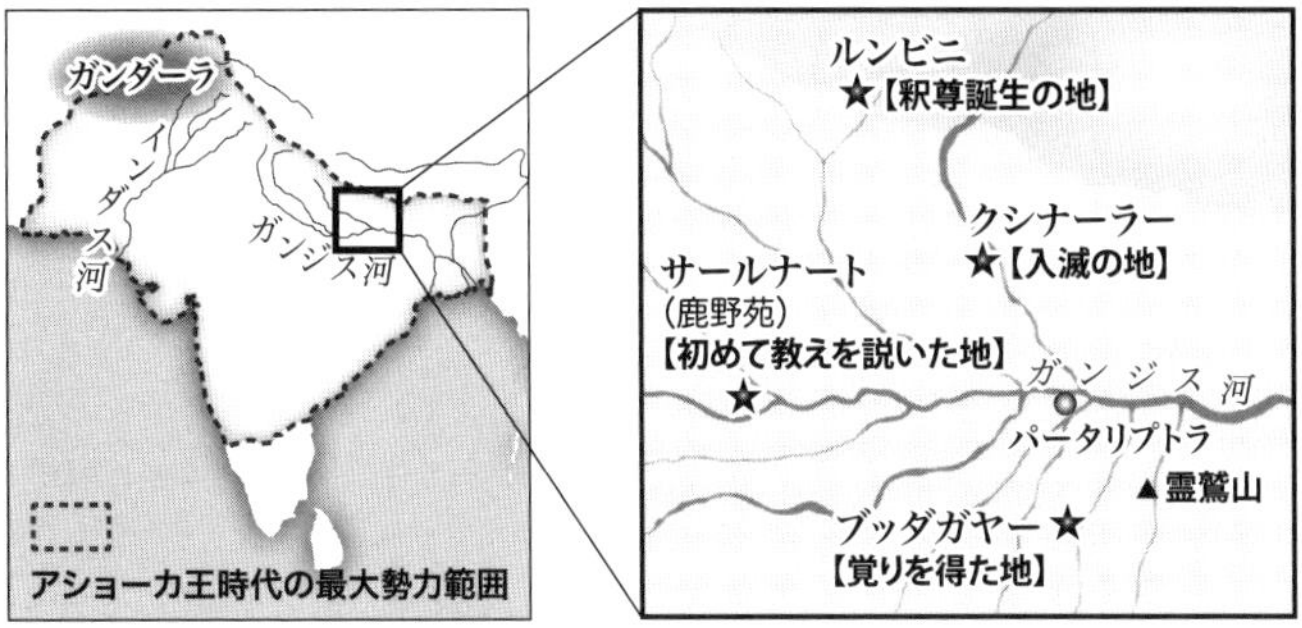

ちがみな『法華経』を説いたというのは、『法華経』はセクト的なものではなく、あらゆるブッダにとって普遍的な真理が説かれている経典であり、誰でも成仏できると説いている教えだという点を強調しているのだととらえればよいでしょう。

　ここで注目したいのは、その後、文殊師利菩薩が弥勒菩薩について痛烈な皮肉を述べている点です。弥勒菩薩は、釈尊が亡くなって五十六億七千万年後に、釈尊と入れ替わってブッダになるとされる輝かしい存在です。その人のことを文殊師利菩薩は、「人々に知れわたることを重んじていて、名声を求める者（求《ぐ》名《みょう》）」「怠け者」だと言うのです。当時は部派仏教においても大乗仏教においても、弥勒菩薩待望論が起こっていました。釈尊はもういない、次は弥勒菩薩だ、というわけです。しかし、弥勒菩薩はイランのミトラ神を仏教に取り込んだ架空の人物です。そこで、歴史上の人物である釈尊をないがしろにすることに批判的な経典として『維摩経』などが作られました。『法華経』もそうでした。

こうして文殊師利菩薩の話により、釈尊が説こうとしている『法華経』の教えを聞く心構えが参列者たちの間にできあがりました。釈尊がそうさせたのではなく、釈尊が瞑想に入っている間に、弟子たちが自らその心構えを作り上げたというところがポイントです。

弟子たちを突き放す

「序品」を受けて、第二章「方便品《ほうべんぼん》」（第二）が始まります。


その時、世尊はしっかりとした意識をもって三昧（瞑想）から立ち上がると、シャーリプトラ（舎利弗）に話しかけられた。

「シャーリプトラよ、ブッダの智慧《ちえ》は、深遠で、見難く、知り難いもので、一切の声聞や、独覚によっても理解し難いものである。如来《にょらい》たちが深い意味を込めて語られたことは、理解し難いのである。如来たちは、種々の巧みなる方便《ほうべん》によって、もののごとに執着する衆生《しゅじょう》を解放するために、自らの確信する諸々《もろもろ》の法を説き示すからだ」

（同前、三七頁）

ここで釈尊は、まず、小乗仏教の声聞や独覚にはブッダの智慧は理解できないと突っぱねています。これよりあとには、大乗仏教の菩薩すらもそれを理解できないという言葉も出てきます。つまり、声聞、独覚、菩薩のすべてを否定しているわけですが、最終的にはその三つすべてが肯定されることになります。これが「方便品」です。

続けて、釈尊は何のためにこの世に出現したかを語ります。

「シャーリプトラよ、如来は、ただ一つの仕事のため、ただ一つのなすべきことのため、大きな仕事のため、大きななすべきことのために世間《せけん》に出現するのである。如来は、衆生を如来の知見《ちけん》によって教化《きょうけ》すること、すなわち衆生に如来の知見を開示し、衆生を如来の知見に入らせ、衆生に如来の知見を覚らせ、衆生を如来の知見の道《みち》に入らせるという理由と目的で世間に出現するのだ」（同前、四〇頁）

こう前置きして釈尊は、衆生に如来の知見を開き、示し、覚らせ、入らせるという如来の出現の四つの理由と目的を語ります。これは究極的には、「一切衆生を成仏させること」に集約されます。

そして釈尊は、衆生がブッダに到るための「乗り物」について説きます。乗り物と

■如来の出現の四つの理由と目的

①
衆生に如来の知見を開示するという理由と目的で世間に現われる。

②
衆生を如来の知見に入らせるという理由と目的で世間に現われる。

③
衆生に如来の知見を覚らせるという理由と目的で世間に現われる。

④
衆生を如来の知見の道に入らせるという理由と目的で世間に現われる。

は、それに乗れば目的地に到達させてくれるもの、つまり教えの譬えです。

「私はただ一つの乗り物（一乗《いちじょう》）、すなわちブッダに到る乗り物（仏乗《ぶつじょう》）について衆生に法を説くのだ。そのほかに何か第二、あるいは第三の乗り物が存在するのではない。（中略）その如来たちのすべても、衆生にただ一つの乗り物、すなわち、一切知者の智慧（一切種智《いっさいしゅち》）を終着点とするブッダに到る〔唯一の〕乗り物（一仏乗）について法を説いたのである」

（同前、四〇～四一頁）

これが『法華経』の主張する「一仏乗《いちぶつじょう》」です。つまり、今までは声聞のための乗り物、独覚果に到る乗り物、菩薩のための乗り物という三つの乗り物が説かれていたが、私が本当に説きたいのはブッダに到るただ一つの乗り物だ、というわけです。

三乗は一仏乗を説くための方便

そして、ここまできて釈尊は、声聞・独覚・菩薩の三種の乗り物（三乗）を説いたのは、一仏乗に導くための方便だったと明かすのです。

「私が、このように三つの乗り物を説くということは、私の巧みなる方便である。しかし、乗り物はただ一つであり、真実もまたただ一つであって、指導者たちのこの教えもまたただ一つなのだ」

（同前、四三頁）

すべての仏にとって、あらゆる衆生を成仏させることが究極の目的なのだから、声聞・独覚・菩薩を区別するのは方便であり、ブッダから見れば人間は平等であるということです。そして釈尊は、「私は最高の覚りに向けて教化するのであり、私にとって、この世に声聞〔と言われる人〕は誰一人として存在しないのだ」と告げます。声聞といっても、それはあなたたちが勝手に決めつけてそう思い込んでいるだけでしょう、私から見ればそんなものは存在しませんよ――ということです。

パラドクシカルな肯定による融合

さて、ここには重要なことが書いてあります。部派仏教の人たちには、「所詮、私は二乗だ」という先入観があります。二乗とは声聞と独覚であり、菩薩ではありません。だから「どうせ私は成仏できない。阿羅漢どまりだ」という卑下がある。釈尊はその人たちの心を解きほぐし、「あなたは声聞ではありませんよ、あなたは既に菩薩ですよ」と言っているのです。その一方で大乗仏教の人たちは、小乗仏教の人たちは二乗だから成仏できないと思っている。その人たちに対しても釈尊は、「あの人たちが菩薩であることを理解しなさい」と言っています。

ところが、声聞に向けて言っていることも、菩薩に向けて言っていることも、当時の人たちにとっては理解しがたかったことでしょう。自分たちの主張や信仰とは逆のことを、釈尊が言っているからです。だから釈尊は、最初に「あなたたちには理解できない」と言っていたのです。しかし、これは否定の言葉ではありません。

例えば、「あなたは無知だ」と言われたらカチンとくる人は多いでしょう。自分が否定されていると感じます。でも、「あなたがいかに素晴らしい能力と才能を持っているかについてあなたは無知だ」と言われたらどうでしょうか。肯定されていると感じますよね。ここはそういうことなのです。「あなたには自分が菩薩であることが理解できないのだ」という言い方で、聞き手をパラドクシカルに肯定しているのです。『法華経』はあらゆる人の成仏を可能とする一仏乗こそが真実の教えであり、声聞・独覚の二乗に菩薩を加えた三乗の教えはすべて方便だとしました。こうして三乗を融合させ、統一したのです。こうして原始仏教で説かれていた平等思想を回復し、差別を取り払ったわけです。二乗に菩薩の自覚をもたらし、大乗の人々には「二乗もまた菩薩」であることを受け入れさせて、声聞、独覚、菩薩の違いはあなたたちの思い込みに過ぎず、人間の平等を理解してこそ〝真の菩薩〟なのだと説いているのです。

「菩薩のための教え」という掛詞

次が第三章「譬喩品《ひゆぼん》」(第三)です。舎利弗は先の方便品で釈尊の説法を聞き、「世尊よ、世尊の間近で今、このような言葉を聞いて、私は不思議で驚くべき思いに満たされ、大いなる歓喜を得ました」と告げます。なぜかと言えば、自分は今まで「如来の知見から落伍」していて成仏できないと思っていたからだと言うのです。

それに対し釈尊は、「シャーリプトラ(舎利弗)よ、あなたは長い歳月にわたって、私から学んだのであ」るが、「私がかつて菩薩であった時に加えた不思議な力(加持《かじ》)

によって（中略）、あなたが菩薩であるという秘密を思い出すことがないのだ」と語ります。

舎利弗は自分が菩薩であることを忘れてしまっている、そう釈尊は言うのです。これは、単にあなたは菩薩だと告げるのではなく、なぜ現在自分はそうではないと思っているかを過去から意義づけようとする手法です。

そして釈尊は言います。

「私は、あなたが過去において修行したこと、誓願したこと、知を覚知したことをあなたに思い出させることを欲していて、私は、この広大なる菩薩のための教えであり、すべてのブッダが把握している〝白蓮華《びゃくれんげ》のように最も勝れた正しい教え〟（妙法蓮華《みょうほうれんげ》）という経を声聞《しょうもん》たちに説き明かすのである」

（同前、五六〜五七頁）

「妙法蓮華〔経〕」は『法華経』の正式名称です。ここで注目したいのは、「この広大なる菩薩のための教え」を「声聞たちに説き明かす」という文章です。菩薩のための教えを菩薩ではなく声聞に説くというのは、一見するとおかしい。しかしここが重要なのです。「菩薩のための教え」（bodhisattva-avavāda《ボーディサットヴァ・アヴァヴァーダ》）はbodhisattva（菩薩）とavavāda

（教え）の複合語になっています。このつなぎを私は「のための」と訳しました。ここは掛詞なのです。「菩薩のための教え」には、①声聞に菩薩の自覚を持たせるための教え（声聞に説く）、②菩薩を〝真の菩薩〟たらしめるための教え（菩薩に説く）――という二重の意味が込められています。こうした表現を用いることで、声聞・独覚・菩薩をすべて融合させ、その対立を乗り越えようとしているのです。

三車火宅の譬え

こう言われて舎利弗は過去を思い出し、菩薩の自覚に立ったのでしょう。彼は釈尊の言葉に納得し、ここで舎利弗に対して授記がなされます。授記とは、いつ、どこで、何という名前の如来になるかという成仏の予言です。原始仏教では成仏は即時にできるとされていましたが、ここでは小乗仏教の人たちが理解しやすいように、さきほど紹介した通り、彼らが信じ、理解していた燃燈仏による釈尊への授記の形式に則《のっと》って説明した、と理解すればよいと思います。天文学的な時間を経た後に成仏するだろうという表現は、燃燈仏による釈尊への授記そのままです。

ところがこの段階で、釈尊の説法を理解したのは舎利弗一人だけです。ほかの人たちはよく分からずポカンとしている。それを察した舎利弗が、「すみません、私は分かりましたがほかの人が理解していないので、彼らにも分かるように説いてくださいと釈尊に願い出ました。そこで説かれたのが、「三車火宅《さんしやかたく》の譬え」です。

ある資産家が豪邸に住んでいました。その家の中で子どもたちが遊んでいたとき、家が火事になりました。資産家自身は無事に脱出できたのですが、子どもたちはまだ家の中にいます。火事がいかに危険なものかを知らないため、父親がいくら外から「火事だよ、逃げなさい」と言っても遊びに夢中になって耳を貸そうとしないのです。

さて、どうするか。「そうだ、息子たちが日頃から欲しがっていたものがあった。おもちゃの鹿の車と、羊の車と、牛の車だ」*37と資産家は思い出し、それらをあげるから外に出てくるようにと言います。すると子どもたちはわれ先にと飛び出してきました。そして「お父さん、さっき言っていたおもちゃの車をください」と言ったところ、資産家はおもちゃではなく、本物の立派な牛の車を子どもたちに与えました――「三車火宅の譬え」はそんな話です。

火事になった家は苦しみに満ちた現実世界を意味しています。同様に、遊びに夢中になっている子どもたちは刹那主義的な生き方で六道輪廻《ろくどうりんね》*38している衆生、資産家は如来、おもちゃの鹿の車・羊の車・牛の車はそれぞれ、声聞乗・独覚乗・菩薩乗、そして本物の牛の車（大白牛車《だいびやくごしや》）は一仏乗の譬喩です。

釈尊は続けて言います。

「シャーリプトラよ、その資産家は、腕力が強いのに腕力を差し置いて、巧みなる方便によってそれらの子どもたちを、その燃え上がる家から脱出させ、その後に、子どもたちに大いなる乗り物を与えた。まさにそのように、如来もまた、如来の智慧の力と、四つの畏《おそ》れなきことを具《そな》えているのに、それを差し置いて、巧みなる方便という智慧によって、この三界*39から衆生を脱出させるために、三つの乗り物、すなわち声聞のための乗り物（声聞乗）、独覚果に到る乗り物（独覚乗）、菩薩のための乗り物（菩薩乗）を示されるのである」

（同前、六二頁）

資産家は自分で子どもたちを抱えて連れ出そうと思えばできた。でも、そうはしなかった。ここに仏教の特質が出ていると思います。相手が納得していないのに強引に外に連れ出すのではなく、子どもたちが自分で自覚し、自分たちの意志で脱け出してくることを尊重しているのです。つまりここで釈尊は、超能力や神がかり的な救済を説いたのではなく、方便など言葉を駆使して、子どもたちの自覚的行動を促しているのです。「三車火宅の譬え」の意味することを表にしてみました（次頁）。声聞乗と独覚乗の目

法華経における三乗と仏乗の比較

漢訳	意味	乗る人	目的地	譬喩
声聞乗	声聞のための乗り物（小乗仏教）	声　聞（出家の男子）	阿羅漢果	玩具の鹿の車
独覚乗	独覚果に到る乗り物（小乗仏教）	独覚果を求める人（出家の男子）	独覚果	玩具の羊の車
菩薩乗	菩薩のための乗り物（大乗仏教）	覚りを求める人である菩薩（在家と出家の男女。但し**二乗は除く**）	ブッダ	**玩具**の牛の車
一仏乗	ブッダに到る乗り物（法華経）	三乗など**一切衆生**（在家と出家の男女）	ブッダ	**本物**の牛の車

的地はブッダではありません。ブッダを目的地にしているのは、菩薩乗と一仏乗です。目的地が同じであるということでは、両者は似ています。ただし、前者は二乗を除外して菩薩しか乗れない、大乗の差別思想を残している。後者は二乗を除外することなくあらゆる人を目的地のブッダに到らせることができる。その違いが、「玩具の牛の車」と「本物の牛の車」で表現されています。菩薩乗が、声聞乗や独覚乗と同じく玩具とされたのは、三乗がいずれも差別思想を残しているからなのです。

＊1　中村元

一九一二〜九九。インド哲学者・仏教学者。島根県生まれ。五四年東大教授。退官後、東洋思想の研究機関「東方学院」を創立。七七年文化勲章。『東洋人の思惟方法』『初期ヴェーダーンタ哲学史』『仏教語大辞典』など。

＊2　アショーカ王

前四世紀に古代インド・マガダ国に興った「マウリア朝」の第三代王（前二六八〜前二三二頃在位）。インドとアフガニスタンの大半を領有、インドで最初の統一国家を築いた。仏教を篤く信仰し、国教とした。

＊3　マヒンダ

生没年不詳。マウリア朝の仏教僧。アショーカ王の命によりセイロン島に赴き、マハーヴィハーラ（大寺）を建てて、セイロン仏教の基礎を築いた。

＊4　パーリ語

古代西インドの日常語に由来する仏教文語（聖典語）で、スリランカ・タイ・カンボジアなどの南方上座部の経典で用いられる言語。「パーリ」とは本来、「聖典」を意味する。

＊5　仏典結集

教団の代表者が法と律（経典と規則）を検討し、仏説に相違ないことを確かめ、教えとして確定することを目的として行なう仏典編集会議をいう。

＊6　龍樹

一五〇頃〜二五〇頃。大乗仏教の思想を基礎づけたインド最大の仏教哲学者。サンスクリットではナーガールジュナという。その著『中論』で確立した「空」の思想、『大智度論』で説いた諸法実相や菩薩思想は、以後の大乗仏教に決定的な影響を及ぼした。

＊7　燃燈仏（ディーパンカラ）
「燈明を灯す仏」の意。「第一章　序品（第一）」で言及される「日月燈明如来」（過去の世で法華経を説いた仏）の八人の子の一人。他の経典にもしばしば登場する代表的な「過去仏」。

＊8　弥勒（マイトレーヤ）
未来に下界に降って仏となり（未来仏）、衆生を救うとされる菩薩。慈氏菩薩とも。出現は釈尊の入滅から五十六億七千万年後で、現在は兜《と》率天《そってん》という天上界で待機中という。

＊9　『般若経』
仏教経典史上で初めて「大乗」を宣言した、初期大乗仏教の経典。大般若経・金剛般若経・般若心経など、「般若波羅蜜」（最高の智慧を完成させること）を説く諸種の般若経典の総称。

＊10　『維摩経』
初期大乗仏典。病んだ在家の長者・維摩《ゆいま》（維摩詰《きつ》）が文殊菩薩らと問答し、最後に維摩は究極の境地を沈黙によって示す。戯曲的な構成の中に大乗の「空」の思想をあらわした経典。

＊11　止揚
ドイツ語アウフヘーベンの訳語。「揚棄」とも。哲学者ヘーゲルによる弁証法の基本概念で、ある事物をそのものとしては「否定」するが、契機として「保存」し、より高い段階で生かす（「高揚」する）こと。

＊12　『スッタニパータ』
パーリ語による経典。スッタは「経」、ニパータは「集成」の意で、『経集』とも。現在伝わる経典中で最も古く、歴史的人物としてのゴータマ・ブッダ（釈尊）の言葉に最も近いとされる千百四十九の詩句の集成。

＊13　劫
古代インドの時間の単位。『雑阿含経』では、

一劫（中劫）は、縦、横、高さが一由旬（約十五キロメートル）の鉄城の中に芥子の実を満たし、百年に一度、一粒ずつ取り去ってすべての芥子の実がなくなってもまだ終わらないほどの長い時間。中劫の阿僧祇（一〇の五十六乗または五十九乗）倍の時間が阿僧祇劫。

＊14　阿難（アーナンダ）

釈尊の十大弟子の一人。シャカ族出身で、釈尊の従弟《いとこ》。壮年以降の釈尊に侍者として二十五年仕え、その説法を仏弟子中で最も多く聞いたことから、「多聞第一」と評価された。

＊15　「釈尊の十大弟子」

釈尊の弟子中で代表的な十人。説法第一の富楼那、論議第一の迦旃延など、各自が仏教の修行徳目の一つに優れるとされる。舎利弗・大目犍連・魔訶迦葉・須菩提・富楼那・摩訶迦旃延・阿那律《あなりつ》・優波離《うばり》・羅睺羅そして阿難。

＊16　舎利弗（シャーリプトラ）

釈尊の十大弟子の一人。マガダ国のバラモン（カースト制度で最高位の司祭階級）の家の生まれ。「智慧第一」を謳われ、釈尊の教説を理論づけたり、かわって説法したりしたという。

＊17　「自らをたよりとして……」

釈尊の晩年から入滅前後までを伝記的に記述した、パーリ語による原始仏教の経典『大パリニッパーナ経』（中国訳題『大般涅槃経』）の中の釈尊の言葉。

＊18　ローマ帝国

都市国家から出発したローマは、紀元前二世紀には全地中海を支配する大国になる。帝政期は前二七〜後四七六で、帝政移行後の紀元一〜二世紀の最盛期にはほぼ全ヨーロッパに支配が及ぶ空前の大帝国を現出した。

＊19　富永仲基

一七一五〜四六。江戸中期の儒学者・思想史家。富裕な大坂商人の子。儒学・仏教・神道に精通し、それらに歴史的・実証的批判を加えた。上記の法華経批判は、仏教思想史論『出定後語』（一七四五）中で述べられている（巻之下「第二十五」）。

＊20　ヴィクラマシラー寺院の破壊

ヴィクラマシラー寺院は、ベンガル地方に八世紀末に創建された仏教寺院。ヒンドゥー教の浸透、イスラム教徒（ムスリム）の侵攻で衰退を続ける仏教の最後の砦だったが、一二〇三年、アフガニスタンから侵攻してきたムスリム軍により破壊された。

＊21　J・H・C・ケルン

一八三三〜一九一七。オランダのインド学者・仏教学者。ライデン大学サンスクリット教授。『インド仏教史』、『シャクンタラー』（戯曲）・『梵文法華経』の英訳など。

＊22　南条文雄

一八四九〜一九二七。真宗大谷派の僧・仏教学者。イギリスに留学して梵語を学ぶ。のち大谷大学長。『梵学講義』『梵文阿弥陀経』『梵文無量寿経』の英訳など。

＊23　霊鷲山

釈尊の時代のマガダ国の都・王舎城の近郊の山（現在のビハール州）。鷲が多いからとも、山の形が鷲の頭に似るからともいう。『大無量寿経』『観無量寿経』もここで説いたとされる。

＊24　王舎城（ラージャグリハ）

マガダ国の都。現在のビハール州の州都パトナ南方のラージギルがその旧址で、釈尊入滅後最初の「仏典結集」はここで行なわれた。

＊25　魔訶波闍波提（マハー・プラジャーパティー）
釈尊の生母・摩耶（マーヤー）夫人の妹（釈尊の叔母）。摩耶夫人の死後、幼児の釈尊を養育したという。

＊26　耶輸陀羅（ヤショーダラー）
釈尊が出家する以前、すなわち王族の青年ゴータマ・シッダールタだったときに迎えた妃。二人の間に生まれた子が羅睺羅（ラーフラ）。のち釈尊十大弟子の一人）である。

＊27　帝釈天（シャクラ神）
仏法守護の主神。もとはバラモン教（古代インドの民族宗教）の聖典「ヴェーダ」中の最強の武神インドラ。その別名「神々の帝王たるシャクラ」を漢訳して帝釈天とした。

＊28　四天王
須弥山（世界の中心にそびえるとされる山）の中腹にある四天王天の四方に住み、仏法を守る四体の護法神。東方の持国天、南方の増長天、西方の広目天、北方の多聞天。

＊29　梵天（ブラフマー神）
帝釈天と並ぶ仏法の守護神。もとは古代インド・バラモン教の主神、またヒンドゥー教の準主神。仏教では帝釈天と対になって釈尊に随侍し、須弥壇に安置される。

＊30　天龍八部衆
天・龍をはじめとする仏法守護の八神。八部衆・八部とも。天・龍・夜叉（鬼神）・乾闥婆（楽伸）・阿修羅（悪神）・迦楼羅（大鳥）・緊那羅（天の楽神）・摩睺羅伽（蛇神）。

＊31　三昧
心が一つの対象に集中して、散乱していない状態。この状態に入るとき、正しい智慧が起こり、対象が正確にとらえられるという。サンス

クリット「サマーディ」の音写。

＊32　六波羅蜜

大乗仏教の修行を願う者（菩薩）が、その理想を完成（波羅蜜）するために実践すべき六種の徳目。布施・持戒・忍辱・精進・禅定・智慧。

＊33　ガンダーラ

古代インド西北部、インダス河上流の、現在のパキスタン・ペシャワール周辺の地域名。二～三世紀、仏教美術が栄えたことで知られる。

＊34　ブッダガヤー

インド・ビハール州の都市ガヤーの南方にある仏教遺跡。この地の菩提樹の下で釈尊が覚りを開いてブッダ（覚った人）となった（成道）ことからの名称で、仏陀伽耶と音写する。

＊35　鹿野苑

北インド・波羅奈国にあった林園で、覚りを開いた釈尊が初めて説法（初転法輪）を行なった場所。現在のバラナシ（かつてはベナレスと呼んだ）北郊のサールナートにあたる。

＊36　文殊師利（マンジュシリー）菩薩

略して「文殊菩薩」とも。智慧の徳を象徴する菩薩。釈迦三尊像では向かって右に置かれ（左は普賢菩薩）、釈迦如来の智慧を顕現し、その大いなる威力を象徴して、しばしば獅子に乗った姿で表現される。

＊37　「鹿の車」「羊の車」

鳩摩羅什訳の『妙法蓮華経』では、声聞乗が「羊の車」、独覚乗が「鹿の車」となっているが、サンスクリットのケルン・南条本では、声聞乗が「鹿の車」、独覚乗が「羊の車」と逆になっている。

＊38　六道輪廻

一切の衆生（生きとし生けるものすべて。特に人間）が六道の世界（地獄道・餓鬼道・畜生道・阿修羅道・人間道・天道）に生死を繰り返して迷い続けること。

＊39　三界

仏教の世界観で、覚って成仏することのできないすべての衆生が、生死流転する三つの迷いの世界。欲界（欲望にとらわれた境涯）、色界（欲界は超克しても、なお物質的制約を受けている境涯）、無色界（欲望も物質的制約も超克した純粋精神の境涯）。

耆闍崛山中與大比丘衆
万二千人倶皆是阿羅漢

四大声聞が譬喩を語る

本書の前章で読んだ第三章「譬喩品」で、釈尊は説法を理解できなかった弟子たちのために「三車火宅の譬え」を語りました。それを聞き、今度は弟子たちが「今のお話を私たちはこのように理解しましたが、それでよいでしょうか」という確認の意味を込めて、譬え話を語ります。それが第四章「信解品《しんげぼん》」（第四）に登場する「長者窮子《ちょうじゃぐうじ》の譬え」です。

この譬え話を語るのは、須菩提《しゅぼだい》（スブーティ）、摩訶迦旃延《まかかせんねん》（マハー・カーティヤーヤナ）、摩訶迦葉《まかかしょう》（マハー・カーシャパ）、大目犍連《だいもつけんれん》（マハー・マウドガリヤーヤナ）という四大声聞です。[*1] 須菩提は資産家の息子で、あとの三人もバラモン出身という、恵まれた出自を有しています。

彼らはまず、自分たちは「これらのブッダの法（仏法）に対しても、ブッダの国土の荘厳や、菩薩の自在な振る舞い、如来の自在な振る舞いに対しても、熱烈な願望を抱くことはありませんでした」と語ります。なぜかと言うと、自分たちはすでに「迷いの世界であるこの三界から脱出したことで、安らぎ（涅槃）を得たと思っていた」からだと言います。

これは三車火宅の譬えで言えば、火事の家から飛び出してきた段階です。命に危険は及ばなくなったものの、マイナスがゼロになっただけでまだプラスにはなっていない、つまり覚りには到っていないという段階です。それなのに自分は涅槃を得ていると思っていた――そのように自己批判をしているわけです。

「その後、私たちはこの上ない正しく完全な覚りに向けて他の菩薩たちに教授したりしていました。しかしながら、私たち自身は、一度でさえもそれを渇望することはありませんでした」

（著者訳『サンスクリット版縮訳　法華経　現代語訳』七八頁）

つまり彼らは、菩薩に対する教え、すなわち大乗仏教については聞いて知っているし、人に教えてもいるが、「自分たちには関係ない」と思っていたと言うのです。

ここで「声聞たちが菩薩に教える」という図式が語られていますが、これは、大乗仏教が小乗教団の中から生まれたことの一つの証拠だと考えられるでしょう。もし両者が別々の教団であれば、声聞（小乗）がわざわざ菩薩の教団（大乗）に出かけて行って教えるというのは情況として考えにくいからです。

「世尊よ、私たちは、この上ない正しく完全な覚りに到るという予言が、声聞たちにもあり得るということを、今、世尊のそばで聞いて、不思議で驚くべき思いにとらわれました。今、まさに思いがけず、過去に聞いたこともないこのような如来の言葉を聞いて、私たちは無量の宝物を得ました。世尊よ、私たちは求めることもなく、考えることもなく、このように大いなる宝物を得たのです」（同前、七八頁）

そして語られるのが「長者窮子の譬え」です。

長者窮子の譬え

ある資産家の息子が幼いときに出奔《しゅっぽん》しました。父親は息子を捜し回りましたが、見つかりませんでした。その後息子は五十年もの間、他国を流浪して困窮したあげくに、ある家の近くにたどり着きました。実はそこは、彼の父親の邸宅でした。父親もまた他国へ移り住み、商人として成功していたのです。そんな邸宅で、多くの人の尊敬を受けている父のもとに、男がふらふらと近づいてくるわけです。そして男は、「思いがけないことに、王様か、王様と同等の権威を持つ人のところに来てしまった。（中略）捕えられて強制労働をさせられたり、ひどい目に遭ったりすることなどご免こうむりたい」

と思い、そこから逃げ出します。

その男を見て父親は、彼が自分の息子であることが分かり、連れてくるようにと侍者に命じます。男は捕まって、「俺は死にたくない」と悲嘆の声を発し、恐怖のあまり気絶してしまいます。無理矢理引きずられて父親のもとに連れてこられるのですが、父親は「このまま対面しても、私が父親であると信じることはできないだろう」と考え、彼に水を浴びせて解放します。

その後、父親は一計を案じます。二人の侍者に命じて、「いい仕事があるから一緒に働かないか」と男を誘わせます。何の仕事かと聞かれたら「肥溜《こえだ》めを綺麗にするのだ」と言わせることにしました。その結果、男は父親の邸宅で働くことになりました。父親は、高殿から息子が真面目に働いている姿を見守ります。ときには汚れた衣服に着替え、体に泥を塗り、汚物を入れる容器を手に持って息子に近づいていきました。そして「欲しいものがあったら何でもあげよう。二度とここから出ていくな。ここでずっと働け」と激励します。息子は真面目に働き、徐々に父親の身の回りの世話をするようになります。こうして、息子の気後れや引け目は薄れていきますが、完全に払拭されはしませんでした。

やがて晩年を迎えた父親は、息子に財産の管理を任せます。息子は財産のすべてを完全に掌握しますが、全く無欲で、自分とは無縁のものだと一線を画しています。父親は彼に「息子」という愛称をつけ、本当の息子だという思いを込めて「息子よ」と呼びかけますが、息子の方は、「俺は本当の息子ではないのに、息子だと言ってくれている」と受け止めます。

臨終の間際になって、父親は王様・親戚・近所の人々などを集めて、「皆さん、この男は何十年も前にいなくなった私の実の息子です。一切の財産を掌握しているこの息子に財産のすべてを贈与します」と宣言します。そこで息子は、財産管理人から財産相続人に転じました。息子は、「この上ない宝物を求めずして自ら得た」（無上宝聚不求自得《むじょうほうじゅふぐじとく》）と語ります。

これは、菩薩の教えを自分とは無縁なものと考えて、自ら求めようともしなかった声聞たちも、実は菩薩であった、すなわち成仏できることを知った喜びを表明する譬えです。

失われた自己を回復する

これは、『法華経』の中でも最高の譬え話だと思います。非常に手が込んでいますね。若い頃、私はこの話を読んで鬱病《うつびょう》を乗り越えました。大学に入学して物理学を学び始めた頃、私は極度の自己嫌悪と自信喪失と鬱病で落ち込んでいました。そんな中で仏教と出会い、まず、「自らをたよりとして、他人をたよりとせず、法をよりどころとして、他のものによることなかれ」（26ページ参照）という釈尊の言葉に励まされました。それまで私は、他人が自分をどう見ているかばかりを気にしていたのですが、「よりどころは自分だ」という一節を目にしてホッとするものがありました。そしてこの「長者窮子の譬え」を読み、さらに感動したのです。この息子は自分を大変卑下していました。そういう息子に対して、父親は「お前は最高のものを持っているのだ、ここにある財宝はすべてお前のものだ」ということを何とか分からせようとする。『法華経』はここまで人間を信じているのかとうれしくなったのです。それで私は自己嫌悪と鬱病を乗り越えることができたのです。

『法華経』ではこのように、譬喩がたくさん用いられます。「三車火宅の譬え」は釈尊が語った譬喩です。今度は弟子たちが「長者窮子の譬え」でそれに応える。次はまた釈尊が別の譬喩でそれに応える、という具合に、このあとも譬喩の応酬が展開されていきます。

『法華経』の編纂者たちが作り出したこれらの譬喩は、おそらく、実際に悩んだり苦しんだりしている人を前にして、何とかその人に分かってもらいたいという思いから生み出されたもののなのでしょう。一人で机に向かって考え出したようなものではないと思います。現実に苦しんでいる人を何とか救いたいという思いから、ああでもない、こうでもない、といろいろな話をするうちにできたものが集められているのだろうと思うのです。

「長者窮子の譬え」では、父親は、本当の息子だということを理解させるまでに二十年ほどの時間がかかっています。どうしたら彼が理解できるかと一生懸命考え、その状況をいろいろに作ってあげて、徐々に導いて最終的に理解させるという手法をとっています。

本書の前章で、成仏とは真の自己に目覚めることだと述べました。これは、失われた自己の回復と言い換えてもよいかと思います。「長者窮子の譬え」の貧しい息子は、まさに真の自己に目覚めた、あるいは失われた自己を回復したのです。

真の声聞

この譬え話を語ったあと、四人の声聞たちが決意を述べます。

「保護者よ、今、私たちは、〈仏の声(教え)を聞くだけでなく、仏の声を聞かせる人として」真の声聞であり、最高の覚りについての声を人々に聞かせるでありましょう。また、私たちは覚りの言葉を宣言しましょう。それによって、恐るべき決意に立った声聞なのであります」

（同前、九〇頁）

この引用文中の「真の声聞」と「仏の声を聞く人」と「仏の声を聞かせる人」の三つの言葉はすべて śrāvaka-bhūta《シュラーヴァカ・ブータ》に込められた掛詞であり、そのすべてを反映させて私は翻訳しました。そのように理解すると、今までは自分だけが教えを聞くという受け身の姿勢の声聞だったが、これからは自ら率先してその教えを語って聞かせていく真の声聞になるという決意表明の言葉になっています。他者に語って聞かせるのであれば、それはもう菩薩ですね。ですから真の声聞＝菩薩なのです。

ここで、「長者窮子の譬え」を語るのが四大声聞であることの意味を補足しておきます。この譬えの中で、四大声聞は自らを汚物処理の仕事をする息子になぞらえて語りました。インドで汚物処理は不可触民の仕事です。彼らはカースト制度の四つの階層のさらに下に位置付けられた人たちで、激しい差別を受ける存在でした。[*2]『法華経』の編纂者たちは、そうした階層とバラモンや資産家出身の四大声聞とを結び付けました。そこに、『法華経』編纂者たちのカースト制度否定の意図を読み取ることができるでしょう。

直接的に「カースト制度はおかしい」とは言っていません。しかし、場面設定や登場人物のキャスティング自体に、一つの主張が盛り込まれているのです。

薬草の譬え

こうして四大声聞は釈尊の話を理解するに至りました。このあと、第五章「薬草喩品《やくそうゆぼん》」（第五）、第六章「授記品《じゅきぼん》」（第六）、第七章「化城喩品《けじょうゆぼん》」（第七）、第八章「五百弟子受記品《ごひゃくでしじゅきぼん》」（第八）、第九章「授学無学人記品《じゅがくむがくにんきぼん》」（第九）を通じて、四大声聞、およびその他さまざまな声聞たちへの授記がなされます。釈尊がそれぞれに対して異なるアプローチで教えを説き、納得させているところが見どころです。

「長者窮子の譬え」を聞いた釈尊は、第五章「薬草喩品」で、「その通りだ」という意味を込めて「薬草の譬え」を説きます。

「この三千大千世界*3に生えている草や、灌木、薬草、樹木、小樹、大樹は、若くて、柔らかい茎、枝、葉、花を持ち、そのすべては、雲によって放出された雨水から、能力に応じ、立場に応じて、水を吸い上げる。それらは、同一の雲から放出された同一の味の雨水によって、それぞれの種類に応じて発芽し、生長し、大きくなる。それぞれに花と実を着け、それぞれに名前を得るのである。しかも、それらの薬草の群落や、種子の集団は、すべて同一の大地に生えて、同一の味の雨水によって潤《うるお》されるのだ」

（同前、九七頁）

同一の雨水によって潤される植物は千差万別ですが、それらが生い茂っている大地は同一です。植物に違いはあっても、その違いは対立することもなく、根底は同一の大地に根差しています。声聞、独覚、菩薩という三つの立場には違いがあるけれど、すべて人間として平等であり、互いに差別されるものではないということを、この譬喩は表しています。

この譬え話の背景に、『法華経』が編纂された西北インドの文化的な特徴を見ることも可能でしょう。ガンダーラを含む西北インドは、インド系、ペルシア系、ギリシア系、中央アジア系などさまざまな人たちが暮らす民族のるつぼです。そこには文化的な対立も多少はあったかもしれませんが、他方で、ガンダーラ美術[*4]のように異なる文化が融合してできた素晴らしい芸術もあります。「薬草の譬え」は、そうした地域で醸《かも》し出された思想を反映しているとも言えます。仏教自体、もともとそうした傾向を持っていましたが、ガンダーラという地域の特性がその傾向をより強くしたと言えるでしょう。

このあと、釈尊はさらに、粘土をこねて器を作る人の話をします。同一の粘土で作った容器も、中に何を入れるかで多様性が認められるという譬え話です。この話はケルン・南条本にはあるのですが、鳩摩羅什訳にはありません。よって、後世に付け足されたものだと考えられます。

いずれにしても、これらの譬喩からは、表面的な違いにとらわれず、人間に内在する普遍性を見ることが大事であるという視点を読み取ることができます。

過去との結びつき

第六章「授記品」（第六）で、四大声聞に対する授記がなされます。声聞たちへの授記の特徴についてはのちほどまとめて述べることにして、ここでは、授記の中で示されるブッダの国土の説明についてのみ触れておきます。

第1章で紹介したように、未来における成仏の予言である授記においては、いつ、どこで、何という名前の如来になるかが告げられます。「どこで」にあたるのがブッダの国土です。四大声聞への授記で、ブッダの国土の様子が「清らかで、石や砂、瓦礫《がれき》が取り除かれていて、深い割れ目や断崖が消滅し、糞尿などの汚物の排水路もなく、平坦で、喜ばしく」と書かれています。ブッダの国土というのは当時の人々にとっての理想郷ですから、「深い割れ目や断崖が消滅し」「平坦」であることをその様相としたということは、日頃は人々がその逆の環境に悩まされていたと考えることができると思います。断崖があって平坦でない環境にいる人たちの願望がここに現れているというわけです。アフガニスタンにヒンドゥークシュ山脈[5]という険しい山脈がありますが、ヒンドゥークシュという名前は「インド人殺しの山」という意味です。それだけ人々は土地の険しさに悩まされていたのですね。こうした記述からも、『法華経』が編纂されたのはガンジス河[6]のほとりの大平原のような場所ではなく、山岳地帯を間近に控えた西北インドだろうと私は推測しています。

次の第七章「化城喩品」（第七）では、過去との結びつきがテーマになります。釈尊はここで、男性出家者たちに、自分と彼らとの遙か昔からの因縁を語ります。すなわち、私はかつて大通《だいつう》智《ち》勝仏《しょうぶつ》[7]という王の十六人の王子の末っ子だったが、そのとき以来、あなたたちは、菩薩であった私とともに何度も何度も生まれ変わっては、私から法を聞いたのだ、と語ったのです。

この大通智勝仏という仏が現れたのはいったいいつのことなのか。それは「三千塵点《さんぜんじんてん》劫《ごう》」の昔のことだと言います。三千大千世界を原子の大きさの微塵《みじん》になして、東に千の世界を過ぎるごとに一粒ずつ微塵を置いていって、すべてなくなったとして、そこにある世界のすべての微塵の数だけの劫の時間という、途方もない長さの時間です。現代天文学から考えると、三千大千世界というのは太陽系十億個分ぐらいの大きさに相当し、そこには10^{64}個の原子が存在します。その原子の数を用いて表現された桁外《けたはず》れの時間の概念です。当時ギリシアやインドではすでに原子論[*8]が論じられていましたが、その考えがここにも入っています。大通智勝仏が出現したのは、それほど遥かな昔のことだと言います。『法華経』にはこのような非常に大きな数が何度も出てきます。インド人は巨大数が好きなのです。

ともかく、それほどの昔から、私とあなたたちは何度も生まれ変わっては一緒に修行をしてきたのだという話を釈尊がするのです。ここでこれまでを振り返ってみると、釈尊は舎利弗に対しては、理論的に誰でも成仏できるという話をしました。四大声聞には三車火宅という譬え話で理解させました。この「化城喩品」では、「あなたたちと私は昔からの仲でしょう」といった人間関係のつながりから迫っています。ですから、①法を説く、②譬喩を説く、③因縁を明かすという三段階で、授記がなされているのです。

そして釈尊は、これまで衆生をどのように導いてきたのかを譬喩で説明します。それが「化城宝処《けじょうほうしょ》の譬《たと》え」です。宝の島を目指してキャラバン隊が歩いているが、険難な土地を歩いてみんな疲れてしまった。「もう帰る」と弱音を吐く人に、蜃気楼《しんきろう》のような幻の城を作って見せて（化作《けさ》して）、「ほら、あそこに目的地が見えてきた。元気を出して行こう」と言って勇気づけ、そこで少し休ませる。すると、目的地に到着したと思って安心し、みんなの疲れは吹き飛んでしまう。そこで幻の城をパッと消し、本当に目指すべき宝の島は近いと言って改めて出発し、無事に宝処に到達した、という話です。

これは方便による導きの譬えです。休息のために見せた幻の化城が、声聞・独覚・菩薩の三乗を表します。方便としてそれらの三乗を説いてはいるが、本当に説きたいのは宝処である一仏乗の教えなのです。

声聞のふりをする

第八章「五百弟子受記品」（第八）で、富楼那《ふるな》*9に対して授記がなされます。

釈尊は、富楼那が過去、未来、現在を通じて説法第一だと語ります。「このプールナ（富楼那）は四衆《ししゅ》*10に対して、教化し、励まし、喜ばせる人」であり、「修行の仲間を慈しむ人として適切である」と言って賛嘆するのです。人々を励ましているということは、富楼那はもう単なる声聞ではありませんね。事実、釈尊は富楼那のことを「あらゆる場合に（中略）菩薩の神通に通達していた」と言っています。

これはどういうことなのでしょうか。釈尊は次のように語ります。

「プールナ・マイトラーヤニープトラ（富楼那）は、寿命の続く限り純潔の行ないを実践し、あらゆる場合に人々から声聞であると思われたのだ。〔自分のことを声聞であると思わせるという〕この方便によって、無量の衆生に利益《りえき》を与え、無量の衆生をこの上ない正しく完全な覚りに向けて成熟させた。あらゆる場合にブッダの仕事をなすことによって衆生に奉仕し、あらゆる場合に自分自身のブッダの国土を完全に清らかにし、衆生の成熟のために専念したのである」（同前、一五二頁）

つまり富楼那は、声聞のふりをして、あるいは周りにそう思わせることによって、実はすでにブッダのやるべき仕事をやっていたのです。ということは、富楼那は菩薩なのです。声聞のふりをして、高みからではなく二乗と同じ地平に降り、同じところに立って菩薩への道を説いたのだと思います。

再び振り返ってみましょう。舎利弗は自分が菩薩であることを忘れていました。そして四大声聞は、菩薩の教えを知ってはいるが、それを人に伝えるだけで自分自身は関心を持っていなかった。さらに、富楼那の場合は、菩薩であるのに声聞のふりをしている。

私は、この三つの在り方は、当時の小乗教団の構成要素だと考えられると思っています。小乗教団の中から大乗仏教が興ったわけですが、そのことに全く無関心で無知な人がいる。大乗仏教の教えを知ってはいるけれど「自分とは関係ない」と言う人がいる。そして、大乗仏教を信奉しているけれどそれを表立っては言わず、二乗のふりをしている人がいる。

あるいは、この三つの在り方は声聞から菩薩へと変わっていくプロセスともとらえられます。〈菩薩の教えを全く知らなかった〉→〈知ってはいるけれど興味を持たなかった〉→〈教えを信奉しているが表立っては言わなかった〉――という三つの段階です。

このように考えると、なぜ『法華経』の中で、釈尊があの手この手で弟子たちに教えを理解させ、いろいろなやり方で授記を行なったのかが見えてきます。仏教研究者の中には、たかだか声聞に授記をするのになぜ第二章から第九章までという長いページを割いたのだ、ひとまとめにして一言「授記した」でよいではないか、という人もいました。しかし、いろいろな方法で授記を行なったのには、やはり意味があるのです。それは、小乗教団を構成する三つのタイプの人たちに、あるいは菩薩に到る三つの段階に合わせて、『法華経』が説く一仏乗の教えを理解してもらうためだったのです。『法華経』の編纂者たちは非常に手の込んだことをしています。そこには、後述するように緻密《ちみつ》な計算がなされているのです。

女性がいない仏国土？

こうして富楼那に対して授記がなされ、そのあと阿若憍陳如《あにやきようじんによ》をはじめとする五百人の声聞たちにも未来成仏の予言がなされます。声聞たちは自分たちが理解したことを「衣裏珠《えりじゆ》の譬え」で語ります。それは、こんな譬え話です。

ある貧しい男が金持ちの親友の家で酒食をごちそうになり、酔っ払って寝てしまった。親友は所用で出かけなければならないが、眠っている男を置いていくのもしのびない。そこで、男の衣服の縁《へり》に宝石を縫い付けて出かけた。目覚めた男は、自分の服に宝石が縫い付けてあることを知らないまま旅立ち、流浪の暮らしを続けた。時を経て二人は再会。相変わらずみすぼらしい格好をしている男を見て、親友は「値段のつけられないほど高価な宝石をあなたの衣服の縁に結びつけておいたのに……」と告げる。男はそこで初めてその宝石を見て、大いに歓喜した——。

これは「長者窮子の譬え」と似ていて、自分を卑下していた人間が、自分にも優れたものがあることに気づいて歓喜するという物語です。衆生には、後世の表現によれば、〝仏性《ぶつしよう》*11〟という宝石がそなわっているのに、それに気づいていないということの譬喩です。

この第八章で気になる点を一つ補足します。富楼那への授記の中で、富楼那に与えられる仏国土は「悪が消滅し、また女性もいなくなっているであろう」と記述されています。女人成仏を説く『法華経』で、女性を「悪」と並べてブッダの国土から排除しているわけです。しかし、これは例外的なことです。『法華経』には、舎利弗の仏国土には女性が充満していると書いてありますし、四大声聞の仏国土にも人間がたくさんいて女性はいないとは書いてありません。苅谷定彦《かりやさだひこ》博士*12は、この箇所の描写は後世の付加であると述べています。私もここは、極楽浄土には女性は一人もいないとする浄土教*13の思想（『無量寿経《むりようじゆきよう》』）*14が後世になって盛り込まれたものだと考えています。女性を排除するのは『法華経』本来の思想ではありません。

寿命の違いに込められた意味

第九章「授学無学人記品」（第九）が、声聞に対する授記が描かれる最後の章です。「無学《むがく》」という言葉は一般的には「学がない」というネガティブな意味で使われますが、仏教においては「もはや学ぶことがなくなった人」、すなわち小乗仏教の修行完成者を意味します。逆に「有学《うがく》」は、「まだ学ぶべきことがある人」のことです。

有学と無学の二千人に先立ち、まず阿難への授記が行なわれます。釈尊は自身の昔のことを回想し、過去世で私は常にあなたと一緒に修行していた。そのとき私は仏道修行そのものに励んだが、あなたは仏たちの教えを暗記し、多くの人に伝えることに専念した。そのために私の方が先に覚ったが、あなたも仏の教えを人に伝えるという使命をすでに果たしている、と語り、阿難に授記を行ないます。

次に釈尊の実子・羅睺羅《らごら》（ラーフラ）[*15]、その他の有学・無学の二千人に授記がなされ、これですべての声聞に対する授記が終わります。

第九章までに行なわれた授記の内容の違いに込められた意味を、次ページの表にまとめました。「如来の寿命」に注目してみましょう。智慧第一の舎利弗は十二中劫です。解空《げくう》第一の須菩提ほか四大声聞も、十二中劫ないし二十四中劫。彼らが持つ才能は、言ってみれば個人レベルの才能で、自利《じり》、つまり自分のためのものです。

それに対し、富楼那は説法第一で人々に語って聞かせる。阿難は多聞第一で、さきほど述べたように人々に教えを伝える役目を果たしている。つまりこの二人の才能は利《り》他《た》、人のためのものです。そしてこの二人には、舎利弗らとは比べものにならないくらい長い寿命が与えられています。

授記の順番は、いわゆる十大弟子の序列に則っています。しかし寿命の長さには差が

授記の内容の違いに込められた意味

取り扱い個所	人名	才能	如来の寿命	菩薩との関わり
方便品第二・譬喩品第三	舎利弗	智慧第一	12中劫	菩薩であったことを忘れていた。
譬喩品第三・信解品第四・薬草喩品第五・授記品第六	須菩提	解空第一	12中劫	釈尊から聞いた菩薩の教えを菩薩に語って聞かせるだけで、自らそれを渇仰することはなかった。
	摩訶迦旃延	論議第一	12中劫	
	摩訶迦葉	頭陀行第一	12中劫	
	大目犍連	神通第一	24中劫	
化城喩品第七・五百弟子受記品第八	富楼那	三世において説法第一	無量阿僧祇劫（10^{59}劫）	密かに菩薩としての修行を行ない、菩薩でありながら、二乗のふりをして、ブッダのなすべきことをなして衆生を導いてきた。
授学無学人記品第九	阿難	多聞第一	無量幾百・千・コーティ・ナユタ劫	過去世において、釈尊は仏道修行に専念し、阿難は菩薩たちに覚りを得させるために、教えを多く聞き覚えることに専念していた。

つけられている。『法華経』はここで、彼らの才能や実践の違いを明確化しているように思います。小乗仏教の序列を踏まえつつも、利他行の観点を重視して、寿命に差をつけている。ここは重要な点だと思います。『法華経』にはこうした主張がさりげなく盛り込まれています。

誰が『法華経』を広めていくのか

第九章までで声聞に対する未来成仏の予言というテーマが終わり、第十章「法師品《ほっしぼん》」（第十）からは、釈尊が亡くなったあと誰が『法華経』を広めていくのか、すなわち滅後の弘教《ぐきょう》の付嘱が語られます。「弘教」というのは仏の教えを広めること、「付嘱」というのは師から弟子に弘教を託すことを意味します。

「法師品」では、弘教の担い手として『法華経』を受持《じゅじ》・読誦《どくじゅ》・解説《げせつ》・書写する法師としての菩薩について詳述されます。その法師のことを「善男子《ぜんなんし》（行ないが立派な男性）」「善女人《ぜんにょにん》（行ないが立派な女性）」と呼んで、「法師品」では「それらの良家の息子たちと娘たち（善男子・善女人）は、衆生を憐れむために、このジャンブー洲（閻浮提《えんぶだい》[*16]）の人間の中に再び生まれてきたものたちである」と説明されます。あえて「人間の中に」生まれてくるのですね。

「私の入滅後、[17]教えの勝れた功力《くりき》も、ブッダの国土への勝れた誕生も自発的に放棄して、衆生の幸福と、憐れみのために、この法門を顕示するという動機でこの世に生まれてきた如来の使者であると知るべきである」

（同前、一八〇頁）

「ブッダの国土への勝れた誕生も自発的に放棄して」というところが重要です。第九章までの授記では、未来においてブッダの国土に生まれることが予言されていました。しかしここに至って、それを蹴《け》って、人間の中に生まれてくるという思想が打ち出されています。これまでは小乗の人たちが理解しやすいように、燃燈仏授記の物語に則って説明されてきましたが、それはもう必要ないというわけです。

別世界に行ってブッダとなることよりも、人間の中に生まれ、この現実社会で「如来によってなされるべきことをなす」ことが重要であり、その人は「如来によって派遣された人」（如来使《にょらいし》）とみなすべきである。――ここにあるのは、人間として人間の中にあって、人間関係を通して、言葉によって利他行を貫くことが大切だという主張です。

本書の第1章で、当時の小乗仏教は僧院にこもって一日中難解な研究ばかりを行なって、自分自身の解脱のみを目指していたという趣旨の中村元先生の言葉を引用しました。そうした状況に対する反省からこのような思想が語られたのでしょう。

ストゥーパ信仰から経典重視へ

またここでは、ストゥーパ信仰に替わる経典重視の思想が打ち出されてきます。「この法門を書写して、写本に作りなして肩に担う人は、如来を肩に担っているのである」とあります。これは経典の中にこそ釈尊がいるのだという思想です。釈尊は法を覚ってブッダになった。その法はこの経典の中に説かれている。だから、この経典の中に如来の全身があるのだ——というわけです。その経典を読むことによって、われわれは釈尊が覚った法、ひいては釈尊に出会うことができるし、その法をわが身に体現することができるという考えです。

そして、その経典が書写されたり暗誦されたりする場所には「チャイティヤ」を造りなさいと釈尊は言います。チャイティヤとは経典を安置する塔のこと。そこには「必ずしも如来の遺骨が安置される必要はない」、なぜなら「この経には、如来の身体が一揃《そろ》いの全体をなして存在しているからである」と言うのです。これは当時盛んだったストゥーパ信仰を改め、釈尊が〝遺言〟のように説いていた「よりどころは自己と法である」という原点に戻そうとしているのでしょう。

釈尊をブッダたらしめたのは、遺骨ではなく法です。その法は、釈尊の教えをまとめた経典の中にある。『法華経』という経典にブッダが体現した法が説かれている。その『法華経』を受持する衆生が法と一体になる。このようにして、『法華経』を通じて《釈尊・『法華経』・衆生》の三者が一体の存在となる。その間に特権階級の人々が介在する必要はない。これが仏教本来の平等思想です。「法の下の平等」と言えるかもしれません。

しかし、このようなことを説く直前に、この『法華経』を説いていくのは大変だということが語られています。「この法門は、如来が存在している時でも、多くの人々によって謗《そし》られた。ましてや、如来の入滅後では、言うまでもないのだ」とあります。そのような情況のもとで法師の実践を貫くために必要とされる規範として、「衣《え》・座《ざ》・室《しつ》の三軌《さんき》」が説かれています。これは、「菩薩は、如来の室《しつ》に入って、如来の衣《ころも》を着て、如来の座《ざ》に坐ってこの法門を四衆に説き示すべきである」というもので、衣とは忍耐(忍辱《にんにく》)に対する喜び、座とはあらゆるものごとが空《くう》だと覚ってとらわれないこと、室とは一切衆生に対する慈悲を表します。どんなに嫌がらせをされたとしても、それにとらわれることなく、耐え忍び、慈悲の振る舞いを貫き通すことです。

この「衣・座・室の三軌」を実践したのが、第十九章に登場する常不軽《じょうふきょう》菩薩《ぼさつ》です。

この菩薩については第4章で詳しく紹介します。

地上から虚空へ

「法師品」で説かれた『法華経』の実践の在り方を踏まえて、第十一章「見宝塔品《けんほうとうぼん》」（第十二）では、釈尊滅後に『法華経』を広めることがいかに困難であるかが語られます。

まず冒頭で、大地の底から巨大な宝塔が出現します。そして中から声が聞こえてきます。

「素晴らしいことです。素晴らしいことです。シャーキャムニ世尊《せそん》よ。[*18] あなたは、この〝白蓮華のように最も勝れた正しい教え〟（法華経）という法門を見事に説かれました。世尊よ、これはその通りです」（同前、一九二頁）

塔の中の声は、今まで釈尊が説いてきた教えを賛嘆しています。ここには、ストゥーパの中から釈尊の説法への賛嘆の声を上げさせることによって、ストゥーパ信仰から経典重視に移行させようという意図が込められているのでしょう。

その声を聞き、釈尊は空中に浮上します。そして塔の扉を開くのですが、開くにあたっては、十方にいる釈尊の分身の仏をすべて召集しなければならないということが述べられます。これが意味するところは、釈尊滅後五百年の間に考え出されたさまざまなブッダを、再びすべて釈尊に統一するということではないかと思います。

そして釈尊は宝塔の扉を開けます。そこにいたのは多宝《たほう》如来*19でした。「干からびきって」（ミイラになって）はいるが全身が揃っているとあります。第十章「法師品」（第十）に、「この経には、如来の身体が一揃いの全体をなして存在している」という言葉がありましたが、ここはそれに対応する表現で、ストゥーパの中に過去の如来の一揃いの全身があると書かれているわけです。ストゥーパの中の過去仏にしゃべらせるために、このような姿を取らせたのでしょう。

多宝如来は釈尊に座席の半分を与え、二仏が並んで座りました（二仏並座《にぶつびょうざ》）。それを見て、地上に残された弟子たちは「私たちもあそこに行きたい」と思います。その思いを察した釈尊は、弟子たちをはじめ序品に列挙されていた参列者たちを空中に浮かせます。そういう場面設定の中で付嘱の儀式が行なわれます。

なぜ空中なのでしょうか。それは、地上と宇宙空間の違いを考えると分かりやすいかもしれません。地上世界では、例えば床と天井ははっきり分かれていますが、宇宙空間、例えば無重力のスペースシャトルの中ではその区別はなくなります。時空の概念が一変するのです。同じように、虚空とはさまざまな対立概念を越えたところであり、そういう世界でしか説けないものをこれから説くのだということから、空中という場面設定にしたのだろうと私は思います。

ここで釈尊は、滅後の弘教がいかに大変であるかを語り、困難なことと容易なことを列挙します。それが「六難《ろくなん》九易《くい》」と言われるものです。容易なことは、①ガンジス河の砂の数ほどの経典を説くこと、②スメール山[20]を片手でつかんで放り投げること、③三千大千世界を足の指一本で蹴飛ばすこと、④世界が劫火《ごうか》で焼き尽くされるときに焼かれることなく乾草を背負って歩くこと――などです。これに対して困難なことは、滅後にこの経を受持（心にとどめて忘れない）し、語り、書写し、一人にでも聞かせること、などだと言います。

これを初めて読んだときに私は、「容易なこと」の方は、科学技術の進展によって解決できそうなものだと感じました。それに対して「困難なこと」の方は、科学技術の問題ではなく、人間の在り方、生き方、思想的な営みのことですから、どんなに科学技術が進展しても困難なことに変わりはないでしょう。

それとともに、『法華経』が編纂された当時、そこに説かれた普遍的な平等思想は、身分差別を前提とするバラモン教だけでなく、既存の小乗仏教の主張とは正反対のものでした。真正面から語ったり、書いて残したりすれば、命に危険が及ぶかもしれないほどのことだったのです。ですから、差別思想が横行する中で『法華経』の平等思想を語るのがいかに困難であるかを、「九易」と比較することで表現したのだと思います。

＊1　四大声聞

いずれも「釈尊の十大弟子」に数えられる優れた弟子。須菩提は「解空（すべて「空」であると理解する）第一の者」、摩訶迦旃延は「論議第一の者」、魔訶迦葉は「頭陀（苦行による清貧の実践）第一の者」、大目犍連は「神通第一の者」と、それぞれ謳われた。

＊2　カースト制度

さまざまな社会集団（カースト）を一定の基準で序列化する制度。その中心は身分階層制で、バラモン（司祭）・クシャトリア（王族・武人）・ヴァイシャ（庶民）・シュードラ（上の三階層に奉仕する者）の四階層からなる。しかし実際には、そのさらに下に位置づけられ、厳しく差別される「不可触民」という第五の階層があった。「カーストによる差別禁止」と「不可触民制の廃止」が法に明記されたのは一九五〇年制定のインド憲法においてである。

＊3　三千大千世界

一人の仏の国土の広大さを表現した言い回し。略して「三千世界」とも。一つの須弥山とその周囲を一世界とし、それが千集まった世界を「小千世界」とする。それが千集まって「中千世界」となり、さらにそれが千集まって「大千世界」となる。このように三回にわたって千倍してなった「大千世界」のこと。

＊4　ガンダーラ美術

一～六世紀頃、古代インドのガンダーラ地方（現パキスタンのペシャワール地方）で栄えた仏教美術。特に仏像・彫刻では、ギリシア・ローマの自然主義的な傾向の影響を受けて、西方的な特色の強い作風が見られる。

＊5　ヒンドゥークシュ山脈

アフガニスタンの背骨をなす山脈。全長約八百キロ、最高峰は七千七百六メートル（ティリチミール山）。古来、東西交通の難所として知られている。

＊6　ガンジス河

ヒマラヤ山脈に発し、インド北部のヒンドスタン大平原を南東に貫流してベンガル湾に注ぐ大河。全長二千五百十キロ、流域面積九十万五千平方キロは、中国の長江と並ぶ規模。

＊7　大通智勝仏

遠い過去の世の仏で、名の意味は「偉大な神通と智慧において最高の者」。もとは「智積」という名の長男を筆頭に十六人の子を持つ王。十六人の王子は父王にならって出家し、八つの方角にある国土の仏になったという。

＊8　原子論

紀元前五世紀、ギリシアの哲学者レウキッポスとデモクリトスは、「自然はそれ以上分割できない微粒子（原子）と真空からできている」と提唱、原子論を創始した。また紀元前後、インドのジャイナ教では、微小体（原子）が運動と結合により複合物を形成するとして、原子論に踏み込んだ。

＊9　富楼那

「釈尊の十大弟子」の一人。釈尊の故郷に近い町のバラモンの家の生まれ。師と同日に誕生したとも言われる。覚りを開いてのち各地に布教した。能弁で、「説法第一」と謳われた。

＊10　四衆

仏の教えに帰依した人を四種にわけたもので、比丘《びく》（男性の出家者）・比丘尼《びくに》（女性の出家者）・優婆塞《うばそく》（在家の男性信者）・優婆夷《うばい》（在家の女性信者）のこと。「四部衆」ともいう。

＊11　仏性

「仏の本性」あるいは「仏となるべき因（もと・要素）」で、衆生の有している仏とおなじ本性を指す。したがって、「すべての衆生には仏になる可能性が備わっている」ことになる。

＊12　苅谷定彦
一九三七～。種智院大学名誉教授、専門はインド哲学。大阪大学大学院博士課程単位取得退学。『法華経〈仏滅後〉の思想』『法華経一仏乗の思想』など。

＊13　浄土教
阿弥陀如来による救いを信じ、念仏を唱えることで清浄な仏の国（極楽浄土）に往生するよう務めることを説く教えの総称。日本では法然《ほうねん》の浄土宗、親鸞《しんらん》の浄土真宗、一遍《いっぺん》の時宗などがこれに属する。

＊14　『無量寿経』
浄土思想を確立した浄土教の根本経典。『観無量寿経』『阿弥陀経』とともに「浄土三部経」を形成する。生きとし生けるものを救済するための本願（四十八願）を完成した阿弥陀仏が、念仏の実践により誰もが浄土に往生し得ることを説く内容。

＊15　羅睺羅（ラーフラ）
出家以前の釈尊と妃の耶輸陀羅《やしゅだら》との間に生まれた息子。釈尊に従って出家、十大弟子の一人に数えられる。不言実行で、細かな点まで戒律にかなった修行を行なったので、「密行第一」と称された。

＊16　ジャンブー洲（閻浮提）
世界の中心にある須弥山を囲む四大洲の一つで、南方の大陸の名（そのため「南洲」とも）。元来はインドを指していたが、やがては広く人間世界全体を意味するようになった。

＊17　入滅
仏が涅槃に入ること。仏滅と同じ。

＊18 シャーキャムニ世尊

釈迦牟尼世尊。その略が「釈尊」。「ムニ」はサンスクリットで「賢者」の意。

＊19 多宝如来

下方の宝浄世界にいた仏。『法華経』が説かれるところに自身が坐す多宝塔を出現させて、説法を讃嘆する。

＊20 スメール山

須弥山。仏教の世界観で、世界の中心にそびえる高山。頂上には帝釈天の住む宮殿、中腹には四天王の宮殿がある。山の麓は九山と八海が交互に取り囲み、その外側の大海の東西南北には四つの島（四大洲）が浮かぶ。そのうち南の南贍部洲（閻浮提）がわれわれ人間の世界であるという。

諸漏已盡无復煩惱逮得
已利盡諸有結心得自在

悪人・提婆達多の名誉回復

第十章「法師品」（第十）、第十一章「見宝塔品」（第十一）で滅後の弘教というテーマを見てきましたが、ここでやや唐突に、第十一章＝続き「提婆達多品《だいばだったほん》」（第十二）として、提婆達多（デーヴァダッタ）[*1]と龍女《りゅうにょ》の成仏の話が語られます。これは後世に付け足された箇所で、もともとは別の経典だったのではないかと考えられています。『法華経』ではこれまで二乗も成仏できると説いてきましたが、あらゆる人が成仏できるという『法華経』最大のテーマからすれば、「悪人成仏」と「女人成仏」があればさらに完璧になるという考えから挿入されたのでしょう。次の第十二章「勧持品《かんじほん》」（第十三）に女性への授記の話があるので、その直前のここに入れるのが適当とされたのだと思います。

まずは悪人成仏の話で、鍵となるのは提婆達多です。彼は釈尊の従弟《いとこ》で、教団を分裂させた悪人だとされてきました。釈尊に「戒律をもっと厳しくするべきだ」と主張し、釈尊が「そこまでやる必要はないのではないか」と柔軟な姿勢を示すと、「釈尊は堕落した」と言って弟子を引き連れて出て行ってしまったからです。これは歴史上の事実だろうと思うのですが、後の時代になって次第に話に尾ひれがつき、特に説一切有部によって彼は極悪人にされてしまいました。例えば、提婆達多は釈尊を殺そうとしたとか、耶輸陀羅を結婚相手として釈尊と奪い合ったが負けて、嫉妬心から嫌がらせをした、などといった話が残っています。しかし、提婆達多は釈尊より三十歳年下であり、彼が生まれた頃には釈尊と耶輸陀羅はもう結婚していましたから、そんなことはあり得ない話です。この章ができたのには、その類《たぐい》の話がたくさん作られていたという背景があります。

その提婆達多が、ここでは仙人として登場します。過去世においてある国の王であった釈尊が、「私は、最も卓越した法を私に与え、その意味を示してくれる人の奴隷になろう」と述べたところ、過去世において仙人だった提婆達多が現れて、「私が『法華経』を教えよう」と釈尊に言う。そこで釈尊はその仙人の奴隷となって仕えたと述べられています。「はじめに」で、釈尊が四つん這《ば》いになって仙人の寝台の脚の代わりを担ったという箇所のことを述べましたが、それはこの、釈尊が提婆達多に仕えたときの話です。

悪人とされる提婆達多が、過去世において釈尊に『法華経』を教え、釈尊が提婆達多に仕える——二人の関係を逆転させることで、提婆達多は実は悪人ではなく、「このデーヴァダッタ（提婆達多）こそが、その仙人であった（中略）。男性出家者たちよ、デーヴァダッタこそが私の善き友（善知識）なのだ」という話を展開するわけです。そして提婆達多に対して授記がなされ、彼の名誉回復が図られます。

龍女の成仏

次に、女人成仏の話が展開されます。登場するのは龍女という名の龍王の娘、年齢は八歳です。彼女の身は龍、つまり畜生です。「八歳」「女性」「畜身」——この三つは、インドにおいてはいずれもマイナスの意味を与えられている条件です。バラモン教徒[*2]の規範を定めた「ナーラダ法典」[*3]には、八歳以下の人間は胎児と同然だと書かれています。一人前の人間だと認められていないのです。またインドにおける女性への差別は非常に苛烈で、この頃既に、夫が亡くなったら妻は火の中に飛びこまなければいけない（寡婦焚死《かふふんし》）[*4]という慣習がありました。また古代インドの社会規範を定めた「マヌ法典」[*5]には、女性は幼いときには親に従い、結婚したら夫に従い、年を取ったら息子に従うべきであり、女性は自立するに値しないという、儒教の三従説にも通じることが書かれています。

このように、マイナスの条件を三重に持っている龍女が成仏するというのが、ここでのストーリーです。

文殊師利菩薩が、海の中の龍宮から釈尊のもとに戻ってきます。何をしていたのかと智積《ちしやく》菩薩に聞かれ、文殊師利菩薩は「『法華経』を説いていた」と答えます。「それを理解する人がいたのか」と問われた文殊師利菩薩は、理解した人の代表として龍女を挙げます。

「その娘は八歳で、大いなる智慧をそなえ、研ぎ澄まされた能力を持ち、智に基づいた身体と言葉と心の行ない（身口意《しんくい》の三業《さんごう》）を具えており、如来が説かれた象徴的表現の意味を会得《えとく》し、ダーラニー*6を得ており、あらゆる事物や衆生に対して精神集中する幾千もの三昧を一瞬にして獲得しているのだ。

サーガラ龍王の娘（龍女）は、覚りを求める心において不退転であり、広大なる誓願を持ち、一切衆生に対して自分のことのように愛情を抱いており、徳を欠いていることはないのだ。顔に微笑《ほほえ》みを浮かべ、青蓮華のように美しい容色をそなえ、慈愛に満ちた心を持ち、慈しみの言葉を語るのだ。そのサーガラ龍王の娘は、正しく完全な覚りを得ることができるのだ」

（著者訳『サンスクリット版縮訳　法華経　現代語訳』二一四〜二一五頁）

これまで度々触れてきたように、小乗仏教では女性は穢《けが》れていて成仏できないと言われていました。それに対して龍女は、女性であっても覚ることができる、しかも「不退転」（退くことがない＝覚りは時間の問題）で、優れた能力をたくさん持っていると言うわけです。

これを聞いて、権威主義的な部派仏教の女性観や成仏観に固執する、智積《ちしゃく》菩薩と舎利弗が難癖を付けます。まずは智積菩薩です。「〔あの釈尊ですら幾千劫もの天文学的時間をかけて覚られた。〕それに比べて、サーガラ龍王の娘（龍女）が、一瞬のうちに覚りを得ることができるということを、誰が信ずるでしょうか？」。それを聞いて、龍女がその場に登場します。そして「私にとって完全なる覚りは思うがまま」だと述べます。すると今度は舎利弗が、「女性は、努力精進をゆるがせにしないで、幾百、幾千もの多くの劫にわたって諸々の善行をなし、六種類の完成を成就したとしても、今日までブッダの位に達したことはない」と反論します。

智積菩薩の言い方には、時間さえかければ女性でも成仏できるという余地が残っています。しかし舎利弗の言い方は、女性であることだけで、どんなに優秀でどんなに修行をしても成仏はできないとして、その余地すらも奪い去っています。また舎利弗は、女性の成仏を否定する中で、女性は①梵天王、②帝釈天、③大王、④転輪王、⑤不退転の菩薩／ブッダ――の五つの位のいずれにもなれない（五障）と言い、女性を全否定します。しかしそこでも龍女は「いや、私は覚れます」と主張し、議論は平行線をたどります。

そこで、龍女はどうしたか。おそらく彼女は、どうすればこの二人が理解できるだろうかと考えたのでしょう。その末に、ここで男性に変身（変成男子《へんじょうなんし》）し、成仏の姿を見せるのです。そして大衆に説法して、聞いていた衆生は目から鱗《うろこ》が落ちるような素晴らしい話に歓喜する。その様子を智積菩薩と舎利弗に見せつけます。すると二人は何も言えなくなり、「沈黙してしまった」という言葉でこの章は終わります。

「変成男子」は女性差別か

この龍女の成仏のエピソードをとらえて、一九九〇年代に一部の女性学者たちが「『法華経』は女性差別の経典だ」と批判したことがありました。男にならなければ成仏できないというのは、女性を低く見るものではないかという批判です。しかし私は、その批判はあたらないように思います。龍女は、小乗仏教的な女性観や成仏観にとらわれている人たちがなかなか信じないため、彼らを説得するために男になってみせたうえで成仏した。この「変成男子」は、女性の成仏に必要不可欠な条件ではなく、あくまでも説得の手段だったと言えるのではないでしょうか。

また、女性への差別が著しいインドにおいて、女性が女性のままで成仏できるとするのは危険なことです。バラモン教の原理主義者たちからは命に危険が及ぶほどの攻撃が予想されます。だからここでは、ある意味で妥協的な表現を取ったと考えられます。女性が成仏するという結果は同じでも、プロセスに男性を入れるという妥協策です。一方で「誰でも成仏できる」とはっきり言っています。次の「勧持品」でも論じられるように、とりたてて女性が成仏できると言わなくても、「誰でも」というからには当然そこには女性が含まれるという前提です。いずれにしても、女人成仏は当時、革命的な思想でした。

ところで、原始仏典での女性観はどのようなものだったのでしょうか。『シンガーラへの教え』[*7]の中で、釈尊は在家の男性に対し、人間関係の六つの在り方を説いています。その中の「夫の妻に対する在り方」において、釈尊は「夫は妻に五つのことで奉仕せよ」と言っています。具体的には「妻の自立を認めよ」「妻を尊敬せよ」「妻に宝飾品を買い与えよ」などですが、宝飾品はインドでは単なるアクセサリーではなく財産を意味します。インドでは数多《あまた》の王朝が興亡しましたが、たとえ王朝が変わっても金銀や宝石類は財産として通用するからです。ですから、妻に宝飾品を買い与えよというのは、釈尊がインドにおいて女性に財産権を認めていたということです。女性の自立と財産権を世界で初めて認めたのは釈尊ではないか、というのが私の説なのです。

しかしこの話は、漢訳されると奉仕する側とされる側が逆転され、「婦《つま》は夫に五つのことで事《つか》えよ」となってしまいます。仏典の翻訳にはこういう歴史がある。漢訳仏典だけを読んでいると女性差別に思えるかもしれませんが、本来の教えは違うものなのです。

ここまでが後世に第十一章に追加された部分で、このあとの第十二章「勧持品《かんじほん》」（第十三）から再び、滅後の弘教というテーマに戻ります。

但し娑婆世界以外で

第十二章「勧持品」（第十三）では、さまざまな人たちが「私が法華経を広めます」と名乗り出ます。彼らが「どこで」教えを広めると言っているかが、この章の注目点です。

まず、薬王菩薩[*8]と、大楽説《だいぎょうせつ》菩薩[*9]をはじめとする二百万人の菩薩が名乗り出ます。ただし、「どこで」かは言及していません。続いて有学と無学の五百人の男性出家者たち、さらに有学と無学の八千人の男性出家者たちが弘教を申し出る。しかし彼らはみな、

「ただし、このサハー（娑婆《しゃば》）世界*10以外において」と条件を付けます。なぜかと言うと、「このサハー世界にいる衆生は、傲慢で、善《よ》い果報をもたらす立派な行ない（善根）が乏しく、常に意地が悪く、悪意があり、生まれつき心が歪んでいるから」だと言うのです。娑婆世界とは釈尊が衆生を教化してきた世界のことであり、この現実世界のことです。「娑婆世界で弘教するのは大変だから、私たちはそれだけはご免です。ほかのところでやらせてください」と言ってきたのです。

ここで、またいささか唐突に、二人の女性が「私たちはまだ授記されていない」と立ち上がります。それは、女性の出家者第一号で、釈尊の叔母であり義理の母でもある摩訶波闍波提と、出家前の釈尊の妻であった耶輸陀羅でした。それに対して釈尊は、「すべての聴衆に対する未来の成仏の予言によって、あなたは、既に予言がなされているのだ」と言います。「すべての聴衆」の中にあなたがたも含まれていますよ、と言うわけですが、自分の名前を呼んで授記してほしいという彼女たちの思いを察し、改めて二人に授記します。

二人への授記をあえて忘れたかのようにしておいて、このタイミングで特別に授記を行なうという表現で、女性も成仏できることを改めてクローズアップする効果があるように思います。そして摩訶波闍波提の付き人六千人、耶輸陀羅の付き人四千人にも授記がなされ、その女性たち一万人あまりが「私たちも滅後の弘教をやらせてください」と申し出る。ただし彼女たちも弘教の場所は「娑婆世界以外」を望みます。

『法華経』を広める者は侮辱される

いろいろな人たちが弘教に名乗りをあげましたが、それに対して釈尊はここまでノーコメントです。ここで釈尊は、八百万・コーティ・ナユタもの菩薩たちをじっと見つめます。見つめられた菩薩たちは、「釈尊が俺たちのことを見ているぞ。どうする?」「何かしないといけないのではないか」となり、「では、私たちも教えを広めましょう」と、半ば催促に応える形で弘教を申し出ます。この菩薩たちも、弘教の場所は指定していません。

そして菩薩たちは、まず滅後の弘教の困難さを語ります。これは「勧持品の二十行の偈《げ》」(著者訳『サンスクリット版縮訳　法華経　現代語訳』二二七〜二二九頁)と呼ばれる箇所です(「偈」とは韻文のこと)。いくつか例を挙げます。

- 〔在家の〕愚かな者たちから侮《ぶ》辱《じょく》・罵《め》詈《り》され、棒を振り上げて威《い》嚇《かく》されるであろう。

- 悪智慧を持ち、愚かで、慢心を抱いている男性出家者たちは、美食に貪欲で執着していながら、人々に法を説いて、阿羅漢であるかのように振る舞って尊敬されようとしていて、法華経信奉者を「自分で諸々の経典を作って、利得と称讃を求めて、集会の真ん中でそれを説いている」「こいつらは、ブッダになるんだってよ」と〔皮肉を言って〕誹謗《ひぼう》するであろう。
- 国王、大臣、バラモン、資産家などの前で、「仏教以外の外道の論議をなすものだ」と誹謗されるであろう。

こうした困難さが二十偈（行）にわたって列挙されます。たとえそのようなことがあっても、「私たちは身体も、生命も実に惜しむことはありません」と彼らは述べます。この部分は、漢訳では「不惜身命《ふしゃくしんみょう》」となっており、この言葉は第六十五代横綱・貴乃花が横綱昇進時の口上に使ったことで日本でもよく知られるようになりました。

さらに「眉《まゆ》をひそめられたり、集会においてしばしば座席の割当がなかったり、精舎《しょうじゃ》[*11]から追放されたり、何度も捕縛されたり、悪口《あっく》されたりすることを、私たちはすべて耐え忍ぶべきであります」と彼らは語ります。集会で座席の割当がないとは、小乗教団の集会で席を用意されないという嫌がらせをされることです。このような言い方がされていることも、大乗仏教が小乗教団の中から興ったことの一つの証左でしょう。いずれにせよ、彼らはそれらすべてを耐え忍んでまいりますと決意を語ります。

「愚かな男性出家者たちは、『こいつらは、ブッダになるんだってよ』と〔皮肉を言って〕私たちを誹謗する」という個所は、「私たちを誹謗するこれらの愚かな男性出家者たちもまたブッダになる」とも読める掛詞になっており、誹謗する言葉自体が、誹謗する人を尊重する言葉にもなっていて、『法華経』の寛容の精神が読み取れます。

「勧持品の二十行の偈」で語られる困難な情況は、『法華経』編纂当時の実情ととらえてよいと思います。『法華経』は釈尊や直弟子たちが登場人物となっていますから、彼らが語るときには「威嚇されるであろう」などと未来形になるわけですが、『法華経』の編纂当時、実際に「経典を勝手に作っている」と非難されたり、教団から眉をひそめられたりしたのでしょう。そのために、このように困難さがリアルに描かれたのだと思います。

こうして、本書の前章で紹介した「見宝塔品」の「六難九易」、そして本章の「勧持品の二十行の偈」を通じて、滅後の弘教がいかに大変であるかを心がけるための布石が打たれていきます。

地涌の菩薩たち

次は第十三章「安楽行品《あんらくぎょうほん》」（第十四）です。安楽行とは「安楽な行」ではなく、「安楽の境地に住するための行」という意味です。

ここには、仏が亡くなったあとに『法華経』を実践する菩薩のための日常的な心構えが書いてあります。『法華経』信奉者にとっての戒律と言ってもよいでしょう。例えば「善い行ない」として、忍耐、感情の抑制、心の制御、誤った憶測で判断しない、などが挙げられています。また「適切な交際範囲」として、国王・王子・大臣などの権力者に近づいて親しくなってはならない、歓楽街や遊興の場所あるいはその関係者と親しく付き合ってはならない、などと述べられています。これは、隙あらば自分たちを引きずり下ろそうとする勢力があり、彼らに攻撃の口実を与えないために用心しなさいということなのでしょう。

そして第十四章「従地涌出品《じゅうじゆじゅっぽん》」（第十五）で、ようやく娑婆世界での弘教を申し出る人たちが現れます。

この章の冒頭で、他方の世界からやって来た八つのガンジス河の砂の数に等しい多くの菩薩たちが立ち上がり、「もしも、許してくださるならば、世尊よ、私たちもまた、

これまでの釈尊滅後の弘教の志願者

章名	志願者	弘教の場所	釈尊の答え
勧持品	薬王菩薩、大楽説菩薩ら、200万人の菩薩	場所を指定せず	なし
	500人と8000人の有学・無学の男性出家者	娑婆世界以外で	〃
	摩訶波闍波提憍曇弥と耶輸陀羅ら、1万人の女性出家者	〃	〃
	800万・コーティ・ナユタもの菩薩	場所を指定せず	〃
従地涌出品	他方の国土からやってきた八つのガンジス河の砂の数もの菩薩	娑婆世界で	却下される

如来の入滅後、このサハー（娑婆）世界においてこの法門のために努力したいと思います」と述べます。

これを聞き、今まで黙っていた釈尊がついに口を開きます。

「やめなさい。良家の息子たちよ、あなたたちのその仕事が何の役に立とうか」

せっかく娑婆世界での弘教を申し出た人が現れたのに、あなたたちには務まらないときっぱり退けてしまいました。

こうなると、それでは娑婆世界での弘教は誰がやるのかということになりますね。そこで釈尊は、それを行なう人はもう既にいるのだと、その人たちを呼び出します。

世尊が以上の言葉を語られるやいなや、サハー世界の大地が遍《あまね》く裂けて、その裂け目から幾百・千・コーティ・ナユタもの多くの菩薩が出現した。それらの菩薩たちは、金色《こんじき》の身体と、偉大な人が具える三十二種類の身体的特徴（三十二相）を具えていた。大地の下の虚空界にいたそれらの菩薩た

ちは、世尊の言葉を聞いて、大地の下から出現したのだ。（同前、二四九〜二五〇頁）

ここで出現してきたのが「地涌《じゆ》の菩薩」です。このあと、その人数が拙訳の『サンスクリット原典現代語訳　法華経』で数えて二ページにわたって羅列されます。まずは六十万恒河沙《ごうがしや》（ガンジス河の砂の数の六十万倍）の菩薩たちがいて、その一人ひとりにまた六十万恒河沙の付き人がいる。次に五十万恒河沙の菩薩たちがいて、その一人ひとりにまた同数の付き人がいる。そうやってだんだん数が減っていき、最後に、侍者を伴わず「独りでいることを楽しんでいる菩薩」に至ります。幾何級数的に菩薩たちの人数が列挙されていて、それを足し算すると、無数の、数えきれないほどの菩薩たちが出現したのです。その無数の地涌の菩薩たちのリーダーが、上行《じようぎよう》（卓越した善行をなすもの）、無辺行《むへんぎよう》（際限なき善行をなすもの）、浄行《じようぎよう》（清らかな善行をなすもの）、安立行《あんりゆうぎよう》（よく確立された善行をなすもの）の四人です。

その場にいた弥勒菩薩やその他の菩薩たちは、これらの菩薩たちの卓越した姿と数を見て圧倒されます。「この人たちはどこから来たのか、誰が教化したのか、誰の教えを受持したのか」と思うわけです。それに対して釈尊が答えます。

「あなたたちがかつて見たこともないこれらの大地から出現した菩薩たちは、私がこのサハー世界において覚りを得て後、私がこの上ない正しく完全な覚りに向けて成熟させたものたちなのだ。

アジタ（弥勒）よ、これらの菩薩たちは、このサハー世界の下方にある虚空界を住処としている。経典の暗誦、解説、熟慮することに専念し、快楽に執着せず、交際を喜ばず、努力精進に励んでいるのだ。孤独を楽しみ、修行することを喜びとし、法を聞く楽しみ（法悦《ほうえつ》）を喜び、ブッダの知の獲得に向けて専念しているのである」

（同前、二五五頁）


これを聞いた弥勒菩薩は疑問を抱きます。釈尊は今から四十数年前に覚られたはずだが、それから今までの短期間にどうやってこの無数の地涌の菩薩たちを教化されたのか。その疑問を弥勒菩薩が釈尊へ投げかけて、この章は終わります。

『法華経』を守り伝える新たな人格像

地涌の菩薩は『法華経』のみに登場する菩薩です。大地を割って膨大な数の菩薩が出現するという圧倒的な設定には、『法華経』を広めるのは今までの在り方とは全く違う人、これまでの人たちを遥かに凌駕するような強い決意を持った人でなければならない、そういう人たちに未来を託したい、という思いが込められているように思います。ここまで読んできて『法華経』に登場してきた釈尊の十大弟子などの歴史上の人物たちや、その頃までに考え出されていた菩薩たちの在り方では到底、通用しない。それよりもさらに強固な決意に立った人でなければならないという思いを込めて、ここに『法華経』を護《まも》り伝える新たな人格像を作り上げようとしているのだと思います。

大地の裂け目から出現するという描写は、想像力を喚起します。私たちも自分の殻に閉じこもり、そこから抜けられずにどうしようかと悩むことがありますが、そんなときにその殻を突き破り、「よし、やろう」と立ち上がる。そんな力強いイメージを私はここに見出します。

地涌の菩薩たちが出現し、彼らがそこにたたずんでいる姿を表した言葉に「如蓮華在《にょれんげざい》水《すい》（蓮華の水に在るが如し）」という一節があります。蓮は汚い泥の中にありながら、それに染まることなく自らは清らかな花を咲かせ、それによって周りも清らかにしていくという意味です。先ほど、娑婆世界に関するネガティブな表現を多く紹介しましたが、そんな世界にどっぷりと浸かりながら、その中で清らかな花を咲かせ、周りをも清めていく。地涌の菩薩とはそのような存在だとされています。

久遠実成を明かす

続く第十五章「如来寿量品《にょらいじゅりょうぼん》」（第十六）で、釈尊が、四十数年間でどうやってこれだけの菩薩を教化したのかという弥勒菩薩の疑問に答えます。

「この世間の人々は、私のことを次のように了解している。『シャーキャ（釈迦）族出身の聖者（牟尼《むに》）である如来は、シャーキャ族の高貴な家から出家して、ガヤーという都城《とじょう》（伽耶城《がやじょう》）において覚りの座に至って、この上ない正しく完全な覚りを得られたのだ』と。けれども、そのように見なすべきではない。それどころか、私が覚りを得て以来、幾百・千・コーティ・ナユタ劫もの長い時間が経っているのだ」

（同前、二六一頁）

「コーティ」と「ナユタ」は非常に大きな数だと考えてください。つまり釈尊は四十数年前ではなく、遙か遠い昔にすでに覚っていたというのです（久遠実成《くおんじつじょう》）。そしてその久遠の時間を、「五百《ごひゃく》〔千万億那由他阿僧祇三千《せんまんのくなゆたあそうぎさんぜん》〕塵点劫《じんてんごう》」と表現します。本書の前章で読んだ「化城喩品」に「三千塵点劫」が出てきました（69〜70ページ参照）。一個の三千大千世界を原子になるまで擦りつぶし、その原子の数だけの劫という長大な時間でした。筆者の計算によれば、その「三千塵点劫」のさらに10^{170}倍にあたるのが、「五百〔千万億那由他阿僧祇三千〕塵点劫」です。ここまで行くと、もう無限のようなものですね。とにかく、それくらい遥かな、想像を絶するくらい昔に仏になっていたと言うのです。

「その時以来、私はこのサハー（娑婆）世界、および他の幾百・千・コーティ・ナユタもの世界において、衆生に法を説いているのである。
その間において、私が宣説してきたディーパンカラ如来（燃燈仏）をはじめとする如来たちの完全なる滅度は、私が、巧みなる方便によって法を教授するために作り出したものである。（中略）それぞれの国土で如来としての名前をそれぞれに名乗るのだ。それぞれの国土で自分の完全なる涅槃について述べ、種々の法門によってそれぞれのやり方で衆生を喜ばせるのだ」
（同前、二六二頁）

私に授記したと皆さんが思っている燃燈仏をはじめとして、いろいろな如来が出てきては次々にいなくなっていったが、それらは私が教えを説くために作り出したものであり、実はそれらはすべて私なのだ、と言うのです。遥か昔に覚りを得てから、種々の国土に出現しては、いろいろな立場や名前で衆生を教化してきたのだ、と言うわけです。

仏の統一

この話の狙いは何なのでしょうか。それは、本書の前章の「見宝塔品」でも少し触れたテーマですが、さまざまな仏を釈尊に統一するということだと思います。釈尊の滅後、多くの如来や菩薩が考え出されるようになりました。弥勒菩薩をはじめ、イランなどの外来の神格が仏・菩薩として仏教に取り込まれることもありました。そうすると、中には釈尊そっちのけでその他の仏に心が向く人も出てくるわけです。しかし、それらはいずれも、人間が考え出した架空の仏・菩薩です。歴史上実在した人物としてのブッダは釈尊だけです。そこで、「それらは私が名前を変えて姿を現したものであって、本当はすべて私なのだよ」と釈尊が言うことで、種々の仏を釈尊に統一しようとしているのです。

『法華経』では、こうした外来の仏・菩薩信仰への批判が弥勒菩薩への皮肉という形で度々描かれています。第1章で読んだ「序品」では、弥勒菩薩は「人々に知れわたることを重んじていて、名声を求める者」「怠け者」とされていました。また先ほどの「従地涌出品」でも、弥勒菩薩は「釈尊は四十数年の間にどうやって地涌の菩薩を教化したのか」と尋ねて、釈尊からブッダとしての永遠性の話を引き出す質問役にされていました。弥勒菩薩は釈尊の次に仏になるとされていた人ですが、これでは自分の出番がないことになります。弥勒菩薩にあえて自らの立場を揺るがすことになる質問をさせているのです。

仏の統一という狙いに戻れば、第1章で、『法華経』は声聞乗、独覚乗、菩薩乗という三種類の教えを一仏乗という一つの教えに統一しようとしていると話しました。これは、小乗仏教と大乗仏教の対立を教えの面から統一しようとする試みです。本章の「如来寿量品」は、それを仏の面から統一しようとしていると考えられます。しかも、種々の仏を頭ごなしに否定するのではなく、すべて釈尊の生まれ変わりだとすることで、それらをうまく吸収して位置づけていると言えます。

仏の統一をさらに分析するなら、「見宝塔品」にあらゆる世界から仏が参集してくる場面がありましたが、そこには仏を空間的に統一する意図が見られました。一方ここでは、仏を時系列の中で統一しようとしていると言えるでしょう。しかし、その時系列の始まりを中途半端な設定にすると、それよりもっと前に仏だったという人の話が後で作られてしまうかもしれません。そこで先手を打って、「五百〔千万億那由他阿僧祇三千〕塵点劫」という、誰も歯が立たないくらい遥かな昔から仏であったとしたのだと解釈できます。

ブッダとしての永遠性

そして釈尊は言います。

「如来は、遙かな昔に覚りに達し、量ることのできない寿命を持ち、常に〔サハー世界に〕存在し続けて〔説法して〕いるのである。如来は、完全なる滅度に入ったことはなく、〔衆生を〕教化することを願って完全なる滅度を示してみせるのである」
（同前、二六四頁）

つまり、釈尊は本当は死んだのではない。仮にそういう姿を見せているだけであって、どんなときにも私はこの娑婆世界にあり続けている。そしてこの世界で説法教化しているのだ、というのです。

ここにおいて、歴史上の人物である釈尊の「ブッダとしての永遠性」が強調されてきます。この背景には、釈尊滅後に興ったストゥーパ信仰や弥勒信仰が行き過ぎたため、「そうではない、釈尊はそもそも永遠なのだ」と説くことで軌道修正を図ろうとする意図があると言えるでしょう。

しかし、この「永遠のブッダ」を説くという方法も、一歩間違えると一神教[12]的な解釈にすり替わってしまうという危険をはらんでいます。一神教的に解釈すると、普遍的な仏が宇宙の背後にいて（キリスト教における〈主〉）、その化身として釈尊がこの世に現れた（キリスト教におけるイエス[13]）、という図式が成り立つかもしれません。分かりやすい考え方ではあります。しかし、『法華経』は別世界にいる絶対者のような存在は認めず、あくまでも歴史上に実在した人物である釈尊自身の永遠性を説いています。

ここは分かりにくいところですので、詳しく解説しましょう。

久遠の昔に成仏していたという釈尊は、現実世界に関わり続ける仏です。永遠の存在としての仏が宇宙の背後にいて、その化身として釈尊が現実世界に仮の姿として出現したのではありません。仏教界では当時、ブッダの永遠性を求めてイランなどから外来の神を如来・菩薩として取り込んだり、法身仏（普遍的真理である法を人格化したもの）を崇拝したりする傾向が強まっていました。すると、歴史上の釈尊は現実世界に現れた命に限りある仏と見なされ、法身仏は姿が見えない永遠の仏であるというように、仏という存在がいわば「二段構え」になります。しかし、仏が人間から離れた存在となれば、それはもう原始仏教や『法華経』が前提とする仏教ではなくなってしまいます。そこで、さまざまな仏を釈尊に統一すると同時に、一神教的な絶対者を立てる方向性から軌道修正するために、釈尊は遙か昔に成仏していたとする「久遠実成」を『法華経』は説いたのです。

中村元先生は「西洋の絶対者（＝神）は人間から断絶しているが、仏教において絶対者（＝仏）は人間の内に存し、人間そのものである」と言われました。これが仏教なのです。個々の人間から一歩も離れることはない。仏教は、人間を原点に見すえて、人間を〝真の自己〟（人《にん》）と法に目覚めさせる人間主義なのです。

「人」と「法」、これは言い換えれば、人間の在り方と思想の関係性です。「人」は人格と肉体を備えた存在です。「法」は普遍的真理、法則です。万有引力が、ニュートンが発見する前から存在していたように、「法」は誰かの発明品や専有物ではなく、誰にでも開かれているものです。しかし、その「法」は人間の生き方に活かされて初めて価値を生じます。

原始仏典『サンユッタ・ニカーヤ』*14に、「私（釈尊＝人）を見るものは法を見る。法を見るものは私を見る」という言葉があります。つまり、釈尊という「人」の生き方の中に「法」が具現されている。その「法」を知りたければ「人」としての釈尊の生き方を見なさいということです。そして、その「法」とは釈尊が発明したものでもなく、釈尊の専有物でもない。誰にでも開かれている。釈尊が覚った「法」は経典として残った。その経典を読むことで、「人」としての私たちも「法」をわが身に体現することができる。その「法」と「真の自己」に目覚めることが、仏教の目指したことであり、釈尊が〝遺言〟していたのもそのことでした。

菩薩であり、ブッダである

そして釈尊は、自分は常に娑婆世界に在り続けて、菩薩としての修行を続けているのだと述べます。

「私は、過去における菩薩としての修行を今なお完成させていないし、寿命も未だに満たされていない。私の寿命が満たされるまで、今なおその〔久遠以来の〕二倍、すなわち幾百・千・コーティ・ナユタ劫にわたるであろう。
　だから今、私は完全なる滅度に入ることはないのに、完全なる滅度に入るだろうと告げるのだ」　（同前、二六四頁）

これまでは、「菩薩行*15を実践した結果、ブッダになる」という順序が前提となっていました。この場合、菩薩はブッダになるための手段です。ところが「寿量品」では、菩薩もブッダも同時進行になっています。つまり、人間としての菩薩行は手段かもしれないが、同時に目的でもある、ということです。ブッダになることがゴールなのではなく、人間の真っただ中で善行を貫くことが目的であるということです。これは、人間であることとブッダであることは二者択一の関係ではなく、同時にあり得るということであり、人間を離れてブッダがあるのではなく、人間として完成された存在がブッダであるということなのです。

方便としての涅槃

ここで考えたいのが、釈尊の死の問題です。「釈尊が永遠のブッダだと言っても、現実の釈尊は死んだではないか」――この疑問が残る人は多いと思います。それに対する『法華経』の回答は「方便《ほうべん》現《げん》涅《ね》槃《はん》（方便として涅槃を現《げん》ず）」、すなわち、釈尊は衆生を仏道に入らせるための方便として涅槃に入ってみせたのだというものです。

「衆生を教化するために、私は巧みなる方便を示して、完全なる滅度の境地を現すのだ。けれども実際には完全なる滅度に入るのではなく、この世において法を説き続けているのである」

（同前、二六八頁）

釈尊が永遠に生き続けていると人々はいつでも会えると思って怠け心を起こすので、人々の中に仏に会いたいという思いをあえて抱かせるために、釈尊が涅槃に入ってみせたというのです。釈尊は実際にこの世から消え去ったのではなく、仏を一心に見たいと思う人がいるのなら、すぐに姿を現しますよ、ということです。これは、『法華経』の中に私がいますよ、『法華経』を読んで感動を得ることで私と会っていることになりますよ、ということだろうと思います。

涅槃もまた方便である。これも大事なところです。娑婆世界で活動している釈尊が真実であって、「死」は方便であるとすることで、現実の釈尊は絶対的存在の仮の姿であるという一神教的な考えが、ここでも真っ向から否定されています。

この「方便現涅槃」を譬えたのが、以下の「良医《ろうい》病子《びょうし》の譬え」です。

ある名医が外国へ旅に出て留守にしている間に、子どもたちが誤って毒薬を飲んでしまい、苦しみ悶《もだ》えていました。そこへ名医が帰ってくるとみんな喜び、早く薬を作って

ください と頼みました。名医は、色も香りも味も具えた卓越した薬を作り、子どもたちに与えました。毒気が深く入っていない子どもたちは素直に服用し、たちどころに快癒しました。ところが、毒気が深く入り込んでいる子どもたちは、薬を口にしても「まずい」と言って吐き出してしまいます。

そこで名医は、「巧みなる方便を用いて、この薬を飲ませることにしよう」と考え、再び旅に出ます。自分がそばにいると甘える心が子どもたちに生じて、そのために薬を飲もうとしないのだと考えたわけです。そして旅先から使いを出して、「お父さんは亡くなられました」と子どもたちに伝えさせます。子どもたちは「寄る辺なきものとなってしまった」と悲しみにくれます。悲しみのあまり意識が正常になり、薬の卓越性に気づき、子どもたちは薬を口にします。「その時、その医者は、息子たちが苦悩から解放されたことを知って、再び自分の姿を現した」となり、父と子どもたちは再び対面します。

もうお分かりかと思いますが、ここでは、薬が『法華経』、名医が釈尊、子どもたちが衆生、旅先で亡くなったという知らせが方便現涅槃の譬えです。また、最後に父と子どもたちが再会することが、私たちが『法華経』を読むことを通じて仏と出会うことの譬えとなっているとも言えるでしょう。

この「如来寿量品」で、『法華経』は既存の説をことごとくひっくり返し、あらゆるものを包摂して一つの教えに統一することを実行しています。ややこじつけではないか、と思う人もいるかもしれません。しかし、ここで『法華経』がやろうとしているのは、あくまでも仏教が現実や人間から離れることを戒めることです。人間を見失うな。この現実社会を離れるな。別世界に絶対者を仮想するな。そうしたメッセージを、あらゆる手段を使って一生懸命に伝えようとしているのだと思います。

＊1　提婆達多（デーヴァダッタ）

異端の仏教徒。マガダ国の阿闍世《あじゃせ》王子をそそのかし、父王を殺させて王位につかせ、さらに王をそそのかして釈尊を殺害させようとして失敗し、悶死したという話が伝えられている。一方、禁欲主義的な宗教運動の組織者という面もあり、その教えに従う徒衆が後代にも存続したという。

＊2　バラモン教

仏教が興起する以前の古代インドで、バラモン階級を中心として行なわれた民族宗教。ヴェーダ聖典を奉じて、複雑な祭式規定を発達させた。のちに成立するヒンドゥー教の前身であり、その核ともなった。

＊3　ナーラダ法典

古代インドの法典。訴訟法や取引法についての記述が詳細で、現実の裁判規範となることを意図したと考えられる。ナーラダという紀元前の時代の仙人作と伝えられるが、実際には四〜五世紀に成立したとされる。

＊4　寡婦焚死

ヒンディー語「サティー」（「貞淑な妻」の意）の訳語。サティーはヒンドゥー教徒の古い慣習で、家族の宗教的な罪が滅すると称えられたこともあって、中世には広く行なわれた。女性の地位の低さ、寡婦の生活のみじめさが、この慣習を助長した。

＊5　マヌ法典

紀元前後成立のインドの古典法。バラモンの日常生活の規範を体系化した韻文、人類の始祖マヌに作者を仮託した書。カースト制とバラモンの身分的特権が強調されている。

＊6　ダーラニー

陀羅尼。五感を制御し、精神を統一して、法を心にとどめた状態をいう。端的には、すべてのことを記憶して忘れない力のこと。

＊7 『シンガーラへの教え』

原始仏典の一つで、釈尊がシンガーラというある資産家の子に、人間としての道を教示する内容。在俗信者の実生活の指針・日常生活の倫理を要領よく述べたものとして知られる。

＊8 薬王菩薩

過去の世には「一切衆生喜見菩薩」といい、自らを燃やして仏を供養したことがある（「第二十二章」第4章参照）。同じく前世には「浄蔵」の名で異教徒の父王を改心させる（「第二十五章」第4章参照）。

＊9 大楽説菩薩

「大いなる弁才を持つもの」という名の菩薩。第十一章「見宝塔品」にも登場し、宝塔出現の意味について釈尊に問いただしている。

＊10 サハー（娑婆）世界

サンスクリット「サハー」の音写で、この現実の世界。ここでは人々は煩悩で真実が見えず、迷い、苦しみに耐えなければならないため、「忍土」とも呼ぶ。

＊11 精舎

僧院・寺院など僧が修行をする所。仏道に精進する僧尼が住む堂舎の意という。

＊12 一神教

ただ一神のみを認めて信仰する宗教。一般に神は抽象的で男性的原理を有し、全知全能で万物の創造主とされる。ユダヤ教の「ヤハウェ神」、キリスト教の「主（父なる神）」、イスラム教の「アッラー神」が代表的。

＊13 イエス

前四～三〇頃。キリスト教の始祖。ナザレ（パレスチナ）の大工ヨセフと妻マリアの子。三十歳頃宣教を開始、ユダヤ教の学者やパリサイ人を非難。捕らえられて十字架にかけられたが、その後復活、昇天したとされる。弟子たちはイエスをキリスト（救世主）と信じ、キリスト教が始まった。

＊14 『サンユッタ・ニカーヤ』

書名は「主題ごとに整理された教えの集成」の意味で、「経の集成」である『スッタニパータ』と並ぶ貴重なパーリ語経典（原始仏典）。漢訳仏典『雑阿含経』がほぼ相当する。

＊15 菩薩行

菩薩としての修行、また菩薩が行なう「自行化他」（自らのために仏道修行し、さらに、その得たところをもって他を教化すること）の実践をいう。

其名曰阿若憍陳如摩訶
迦葉優樓頻螺迦葉伽耶

常に軽んじない菩薩

第十六章から第十八章は、三つの〝功徳品〟が続き、内容は以下のようなものです。

第十六章「分別功徳品《ふんべつくどくほん》」（第十七）は、前章の「如来寿量品」の〝如来の寿命の長さについての教え〟を聞いて、それを信じる功徳が明かされる章です。寿命の長さと言っても必ずしも長さ自体が大事なのではなく、釈尊がそれだけの長い寿命をもって常に娑婆世界で説法教化し菩薩行を行ない続けていること、諸仏の根幹は釈尊であることを見失わないことの功徳が明かされています。

第十七章「随喜功徳品《ずいきくどくほん》」（第十八）では、この法門を聞いて喜んで受け入れて、ほかの人に語る功徳が明かされます。ここで語られる「五十展転《ごじゅうてんでん》の功徳」とは、「真の自己」と「法」に目覚める感動の連鎖は、五十人に伝言ゲームをしていっても衰えないという話です。

第十八章「法師功徳品《ほっしくどくほん》」（第十九）では「六根清浄《ろっこんしょうじょう》」が説かれています。六根とは、眼《げん》・耳《に》・鼻《び》・舌《ぜっ》・身《しん》・意《い》という六つの感覚器官とその能力のこと。六根清浄とは、それらが生まれつきのままで清らかになるということです。それが『法華経』を受持し、読誦し、教示し、書写することによる「利益《りやく》」として説かれているのですが、その具体例の一部には「これが利益なのだろうか」と思わされるものも多く、やや理解に苦しむところがあります。

そして第十九章が、『法華経』のクライマックスともいえる「常不軽菩薩品《じょうふきょうぼさつぼん》」（第二十）です。この章の内容は、圧巻です。宮沢賢治が「雨ニモマケズ」で「サウイフモノニ／ワタシハナリタイ」としていた「デクノボー」は、この常不軽菩薩をモデルにしていると言われています。

まず時代設定ですが、威音王仏《いおんのうぶつ》*1という如来の亡くなった後、正しい教え（正法《しょうほう》）が衰亡し、正しい教えに似た教え（像法《ぞうほう》）も失われつつあるときのこと。その教えが増《ぞう》上慢《じょうまん》*2の男性出家者（比丘）たちによって攻撃されている時代に、この菩薩は出現したとされています。『法華経』編纂当時にも釈尊の教えが形骸化しているという危機感があったため、このような設定になったのでしょう。

この菩薩の名前はサダーパリブータ（Sadāparibhūta）と言います。鳩摩羅什はこれを「常不軽」（〝常に軽んじない〟の意）と訳しました。一方、鳩摩羅什の百二十年前に『正法華経』として漢訳を手がけた竺法護《じくほうご》*3は「常被軽慢《じょうひきょうまん》」（〝常に軽んじられる〟の意）と訳しています。能動に対する受動、否定に対する肯定、全く相反する訳語であり、この違いは長年謎《なぞ》だとされてきました。

ふつうに考えれば、Sadāparibhūta はサンスクリット文法上、

• sadā（常に）＋paribhūta（軽んじられた）
• sadā（常に）＋aparibhūta（軽んじられなかった）

の二通りの複合語です。paribhūta は「軽んじる」の過去受動分詞で、aparibhūta はその否定形です。前者は竺法護訳に相当します。鳩摩羅什訳はいずれでもありません。そのため、鳩摩羅什訳は間違っているとされ、これまでの『法華経』に関する本では、この菩薩の名前は竺法護訳が採用されてきました。岩波文庫の岩本裕訳『法華経』もしかりです。

ところが、サンスクリットの文法を詳しく調べてみると、過去受動分詞は能動の意味でも用いられるとされています。となると、sadāparibhūta という一語の中に、受動と能動、否定と肯定の組み合わせで四通りの意味が含まれていることになります。つまりこれは、以下の四通りに読むことができる掛詞なのです。

①「常に軽んじない」（鳩摩羅什訳に相当）

②「常に軽んじる」
③「常に軽んじられた」（竺法護訳に相当）
④「常に軽んじられなかった」

この四つは、この菩薩の自らのふるまい、周囲からの反応、最終的な結末というこの章のあらすじになっています。このことも、四つの意味の掛詞であることを示唆します。四つのうち、鳩摩羅什は中心的な意味をとらえて①で訳し、竺法護は枝葉にあたる③で訳した。そういう違いが出ていたわけです。このように考えると、長年の謎もすっきりします。

となると、最もよい訳は、この四つの意味をすべて訳すことでしょう。そこで私は『法華経』を現代語訳するとき、この章のタイトルを「常に軽んじない〔のに、常に軽んじていると思われ、その結果、常に軽んじられることになるが、最終的には常に軽んじられないものとなる〕菩薩」と訳しました。「章のタイトルとしては少々長すぎますが、いいですか」と担当編集者に聞いたところ、「これは世界初の訳なのですよね。では、これでいきましょう」ということになりました。いずれにしても、「サダーパリブータ」はストーリー展開の一部始終を一語に込めた、実に秀逸なネーミングだと思います。

「尊者がたよ」「ご婦人がたよ」

では、この常不軽菩薩とはどのようなことをした人なのかを見ていきましょう。ちなみに常不軽菩薩は、地涌の菩薩と同様に『法華経』だけに出てくる菩薩です。

この菩薩は出家の男女、在家の男女の誰であれ、出会う人ごとに近づいて、次のように告げました。

「尊者がたよ／ご婦人がたよ、私は、あなたがたを軽んじません。あなたがたは、軽んじられることはありません。理由は何か？　あなたがたは、すべて菩薩としての修行を行ないなさい。あなたがたは、正しく完全に覚った尊敬されるべき如来になるでありましょう」

（著者訳『サンスクリット版縮訳　法華経　現代語訳』三一〇～三一一頁）

それぞれ「尊者がたよ」「ご婦人がたよ」という呼びかけで始まる二つの文章が近接して出てきます。男女両方に呼びかけていますから、常不軽菩薩は男女とも如来になれると主張しています。女性の場合はまず男に変じて、とは書いてありません。ですから本書の前章で読んだ龍女の変成男子《へんじょうなんし》は、やはり女性の成仏のための不可欠の条件ではないと言えます。

実はこの二つの呼びかけを、鳩摩羅什は訳していません。私は鳩摩羅什訳は全体として大変素晴らしいと思うのですが、ここに関しては注文があるのです。この呼びかけは明示的に訳しておいてほしかった。鳩摩羅什訳では呼びかけはなく、「私は、あなたを軽んじません」から始まっています。単なる呼びかけだと思って省略したのか、あるいは、当時の人たちが男女平等ということにあまり関心がなかったためなのか。いずれにしても、女性が著しく差別されていたインドにおいて、「ご婦人がたよ」という呼びかけがあるのとないのでは大違いです。ここが訳されていなかったがために、漢訳で『法華経』を読んだ人の中には、「龍女の成仏を描いた提婆達多品が後世の付け足しだとなると、もともと法華経は女性の成仏を説いていないではないか」と主張する人たちもいました。鳩摩羅什がここを訳してくれていれば、そうではないと反論する論拠になったはずなのです。

この菩薩は、「他者に対して教理の解説もなさず、自分自身のための聖典の学習もなすことがない。その一方で、遠くにいる人でさえも、誰であっても、出会う人のすべてに近づいて、先のように語って聞かせる」といいます。ということは、この菩薩は「私はあなたを軽んじません」と語って聞かせるだけで、経典を読んでいなかったということです。

これまで、『法華経』では経典の受持（記憶して忘れないこと）、読誦（読むこと）、解説、書写が重視されていると話してきました。その経典重視のはずの『法華経』において、この菩薩はいっさい経典読誦をしなかったと書いてあるのです。経典読誦は仏道修行の基本の一つですが、この菩薩はそれを満たしていなかった。ただ会う人すべてに対して、「私はあなたを軽んじません」と言って、相手を尊重しただけだったというのです。「会う人すべて」とは、カーストも問わないということでしょうから、この菩薩は身分差別を超越していることも暗に示されています。「空」の思想からすれば当然のことです。

この菩薩の行動が仏道修行の形式を満たしていなかったことは、非常に重要な意味を持ってきます。それはのちほど解説することにしましょう。

非難されても憎まなかった

この菩薩のこうしたふるまいに対する人々の反応は、次のようなものでした。

このように語って聞かせられた四衆たちは、この菩薩に対して、ほとんどすべてが嫌悪感を生じ、怒り、罵り、非難し、危害を加えた。

「聞かれてもいないのに、どうしてこの男性出家者は、軽んじない心を持っているとわれわれに説き示すのであろうか？　望まれてもいないのに、この上ない正しく完全な覚りに到るであろうという虚偽の予言（授記）を私たちにすることは、私たち自身を軽んじることになるのだ。〔それとともに、その菩薩は、自分自身を軽んじられることになすのだ〕」と。

（同前、三一一頁）

〔　〕内は掛詞で、「私たち自身を軽んじる」と「菩薩自身が軽んじられる」の二つの意味が掛かっています。

「〝大いなる勢力をかち得たもの〟（得大勢）よ、その菩薩が、このように罵られたり、非難されたりしているうちに、多くの歳月が経過した。けれども、その菩薩は、誰に対しても決して怒ることはなく、憎悪（瞋恚《しんに》）の心を生じることもなかった」

（同前、三一一〜三一二頁）

「得大勢」とは釈尊がこの話を語って聞かせている菩薩の名です。「あなたを軽んじません」と言う菩薩は、非難されても耐えていたわけですね。危害を加えられそうになると走って逃げて、安全なところに着くとパッと振り返って「私はあなたを軽んじません」と言った。そのため、この菩薩はサダーパリブータと呼ばれるようになりました。

さて、この常不軽菩薩は、罵られたり、非難されたりしながらも、なぜあらゆる人に「あなたも如来になれる」と主張し続けることができたのでしょうか。

私はこう考えます。この菩薩にも、おそらく自己嫌悪の時代があったに違いない。そうした時代を経て、あるとき自分の尊さに目覚めた。だからこそ他人の尊さも信じることができたのではないか――と。〝真の自己〟に目覚めるがゆえに、自己の存在の重さ、愛しさが自覚できる。それはそのまま、他者の存在の重さ、愛しさを自覚することにもつながります。

仏教は、自己への目覚めが他者への目覚めへと発展するという形で他者との関わりを説いています。釈尊自身、まず自らが覚り、その内容を他者に語って伝えました。それは相手に対しても自分と同じものを認めていたからです。おそらく常不軽菩薩にもそうした原体験のようなものがあったのでしょう。「自分はつまらない人間だと思っていたけれど、こんなに尊い命が自分にもあったのだ」と気づいた。だから、人々に語りかけることを続けられたのだろうと思います。

自分は心底そう思ってもいないのに相手に対して「人は誰でも尊い」と言い続けたとしても、ひとたび罵られ、非難されればやる気をなくして、挫折してしまうだろうと思います。

テレビのニュースなどで、「誰でもいいから人を殺したかった」というような殺人犯の供述を耳にすることがあります。私は、そう言っている人はきっと、自己の尊さ、自分が生きていることに大きな価値があることに気づいていないのだろうと思います。だから自暴自棄になってしまうのでしょう。自分が生きていることに価値があるという感動を体験していれば、他人に対してそのようなことはできないのではないでしょうか。

弘教のモデルとしての菩薩のふるまい

そして常不軽菩薩は、長い間そのような実践を続け、ついに臨終間際となります。

「ところで、命の終わりが迫った時、そのサダーパリプータ菩薩は、〝白蓮華のように最も勝れた正しい教え〟（法華経）という法門を聞いた。その法門は、かつて

〝恐ろしく響く音声の王〟という如来によって、二百万・コーティ・ナユタの二十倍の偈《げ》（詩句）をもって説かれたものであった。

サダーパリブータ菩薩は、誰も語っていない空中からの声を聞き、この法門を受持し、（中略）六根清浄を獲得した。そして、直ちに自身の生命を存続させる働きに神通力をかけて、さらに二百万・コーティ・ナユタ年もの間、〝白蓮華のように最も勝れた正しい教え〟という法門を説いた」

（同前、三一二〜三一三頁）


つまりこの菩薩は、それまで『法華経』を知らなかったのです。臨終の間際となったとき、空中から『法華経』の声が聞こえてきた。それを素直に受け止め、そして六根清浄を得て、「まだ死んではいられない、もっと生きなければ」と思って寿命を延ばし、そこからはじめて経典としての『法華経』を説くようになっていきます。


「この菩薩にサダーパリブータという名前をつけた男性出家者・女性出家者・男性在家信者・女性在家信者たちのすべてが、その菩薩の具えるすぐれた神通力や、人に理解させる雄弁の力、智慧の力の威力を見て、教えを聞くためにその菩薩に随従するものとなった」

（同前、三一三頁）

「随従するものとなった」ということは、「常に軽んじられない」ようになったということです。これで先ほど述べた「サダーパリブータ」の掛詞の四つの意味が完結します。

誰に対しても「あなたを尊重します」と語る常不軽菩薩のふるまいは、滅後の弘教のモデルととらえることができます。『法華経』が説く菩薩行の実践モデルと言ってもいいでしょう。『法華経』における救済とは、人間対人間の具体的な関係性を通じた対話によるものであるとされています。目の前にいる人間に語りかけ、罵られようが誤解されようが、それでも誠意を貫き通していく。そのことによって誤解を解き、理解され、互いに意思疎通がなされ両者が何かに目覚めていくという在り方です。それを可能にするのが「法師品」に出てきた「衣・座・室の三軌」に則ることです。忍耐の鎧《よろい》を着て、物事にとらわれない空の座に坐り、慈悲の部屋に住する。それはまた、同じく「法師品」にあった、「ブッダの国土に生まれることを放棄して人間の中に生まれる」ということとも重なってくるでしょう。

〝経典を読まなかった〟が意味すること

さきほど、常不軽菩薩は人に仏教の教理の解説をしなかった、自分自身でも経典を読誦することもなかったと説明しました。また、臨終の間際には「誰もしゃべっていないのに『法華経』の法門が天から聞こえてきた」とあります。これらは何を意味するのでしょうか。

私はここには重大なメッセージが込められていると思います。この菩薩は、誰もしゃべっていないのに『法華経』が聞こえてきたとき、それを素直に受け入れました。疑ったり拒絶したりするようなことはありませんでした。それは、この菩薩のふるまいが既に『法華経』の精神に適っていたからです。『法華経』は誰もが成仏できるという平等思想を説いていますから、たとえ経典としては読んでいなかったとしても、この菩薩のふるまいはすでに『法華経』の実践だったのです。誰もしゃべっていないのに聞こえてきたのは、この菩薩が『法華経』を自得したということでしょう。

一方で、部派仏教の人たちは、僧院に立てこもって朝から晩まで経典ばかり読んでいて、人間と向き合ってはいません。中村元先生が「みずから身を高く持し」「その態度はいきおい独善的高踏的であった」と指摘されていた通りです。どちらが本来の仏教と言えるのか――。

　経典を読まないこの菩薩の振る舞いが『法華経』の理想に適っていたということは、仏道修行の形式を満たしているか否か、あるいは仏教徒であるか否かさえも関係なく、その人がどんな人でも尊重するのなら、その人は『法華経』を行じているととらえてよいことになるでしょう。逆に、仏道修行の形式を満たしていても、人間を軽んじたり、利用したりするようなことがあれば、それはもはや仏教とは言えない。私はそこに、宗派やイデオロギー、セクト主義の壁などを乗り越える視点が提示されているように思うのです。

　世界には、さまざまな文明の対立、人種の対立、宗教の対立があります。南アフリカのネルソン・マンデラ*4はアパルトヘイトに反対して二十七年間も獄中にありましたが、それでも人権を守るために闘争を続けました。キング牧師*5も人権のために闘った。そうした人たちの信念と行動も、『法華経』の実践と言っていいのではないか。そうした極めて普遍的なメッセージがここに読み取れる気がするのです。

　第2章で読んだ「薬草喩品」にも、千差万別の植物が同一の大地に根差し、同一の雨に潤されて繁茂しているように、共通の基盤に立って違いを尊重しあうという在り方が説かれていました。同じように、修行の形式という違いではなく、あくまで人間という共通の基盤が大切なのであり、そうやって人間を尊重することで対立を乗り越えるという思想が、ここにあるのではないかと思います。

そして最後に、この常不軽菩薩が実は現在の釈尊であったことが明かされて、この章は終わります。

地涌の菩薩への付嘱

常不軽菩薩のふるまいを通して『法華経』の実践モデルが明らかにされたところで、次の第二十章「如来神力品《にょらいじんりきぼん》」（第二十一）において、はじめて滅後の弘教の付嘱がなされます。まず付嘱されるのは地涌の菩薩です。

地涌の菩薩たちは、世尊に向かって合掌して言いました。


「世尊よ、如来の入滅後、世尊のすべてのブッダの国土において、それがどこであっても、世尊が完全なる滅度に入られた所で、私たちはこの法門を説き示すであありましょう。私たちは、受持、読誦、教示、解説、書写の実行のために、このように勝れたこの法門を願い求めています」

（同前、三二四頁）

この言葉を聞き、文殊師利菩薩が負けじと「私たちにもやらせてください」と言うのですが、釈尊はそれには全く応えず、地涌の菩薩だけに付嘱します。

その時、世尊は、大地の裂け目から出現した菩薩の大群衆を率いた群衆の師である四人の偉大な菩薩たちのうち、師である〝卓越した善行をなすもの〟(上行《じょうぎょう》)という名前の一人の指導者におっしゃられた。
「〝卓越した善行をなすもの〟よ、素晴らしいことである。この法門のために、あなたたちは、そのようになすがよい。如来は、既にあなたたちを完成させているのだ」
(同前、三三五頁)

あなたたちはすでに教えを広めるのに完璧な状態であるから、あなたたちがやりなさいと認めたのです。

「私は、この法門において、すべてのブッダの法、すべてのブッダの威神力、すべてのブッダの秘要〔の教え〕、すべてのブッダの深遠な領域を要約して説いたのである。それ故に、良家の息子たちよ、如来の私の入滅後、あなたたちは、この法門を恭敬して、受持し、説き示し、書写し、読誦し、解説し、修行し、供養するべきである」

（同前、三二八頁）

こうして、まず地涌の菩薩に対して付嘱がなされました。この付嘱のあとの釈尊の発言に注目したいと思います。それは、聖地崇拝に対する反省の言葉です。

『法華経』を実践する場所こそ聖地である

釈尊は言います。

「良家の息子たちよ、果樹園であれ、精舎であれ、在家の家であれ、森であれ、町であれ、木の根もとであれ、宮殿であれ、住房であれ、洞穴であれ――この法門が読誦され、解説され、説き示され、書写され、考察され、語られ、朗詠され、写本になって存在する地上の場所には、どこであれ如来のためにチャイティヤ（塔廟、経塔）が造られるべきである。

理由は何か？　地上のその場所は、すべての如来の覚りの座であると知られるべきであるからだ。また、地上のその場所において、すべての如来が、この上ない正しく完全な覚りを得られ、真理の車輪を転じられ、入滅されたのだと知るべきである」

（同前、三二八頁）

道元は、この一節を非常に重視していました。道元は、自身が寝起きしていた庵を「妙法蓮華経庵」と名付けて柱に書き付け、この一節を臨終の間際に何度も口にしていたといいます。釈尊がかつて滞在していた場所でなくとも、自分が今『法華経』を読誦しているところこそが、釈尊ゆかりの場所である。そんな思いを抱いていたのでしょう。

第1章で紹介した釈尊滅後の仏教の変容の中で、釈尊が生まれた場所や教えを説いた地を訪ねる聖地信仰が興ったことを紹介しました。それに対する反省がこの一節に込められているように思います。釈尊ゆかりの地を実際に訪ねることよりも、『法華経』を実践していることこそが大事なのだということです。どこであれ、『法華経』を実践する人のいる所こそが、如来の成道・転法輪・涅槃の地ということです。これは、国境・民族・人種・文化の違いを超越する考えに通じます。

釈尊はこの言葉を地涌の菩薩たちのリーダー四人、すなわち上行、無辺行、浄行、安立行に対して語っています。四人の名前にはすべて「行」という文字が入っています。

人間として立派な行ないをすることこそが大事であり、聖地を訪ねることが目的ではない。そんな主張も読み取れるでしょう。

日蓮は『南条殿御返事《なんじょうどのごへんじ》』の中でこの一節と併せて、さらに天台大師智顗《ちぎ》＊6の『法華文句《ほっけもんぐ》』から「法、妙なるが故に人《にん》貴し。人、貴きが故に所尊し」という一節も引用しています。これは分かりやすいですね。最初に出てくるのは「法」であって場所ではない。「法」に則った「人」のふるまいによって、その「人」自身も、その「人」のいる「所」も尊くなるという関係です。

日蓮には「立正安国《りっしょうあんこく》」＊7という言葉もあります。これも、正しい教えが一人ひとりの生き方に確立されれば、その結果として国が安《やす》んずるということです。人間の生き方に『法華経』の思想が体現されてはじめて、安国があるということだと思います。この考えからすれば、平家一門の繁栄を願ってなされた平家納経は趣旨のはき違えと言えましょう。

追加された六章

続く第二十一章から第二十六章までは後世に付け足された箇所だと思います。『法華経』の原形は、「如来神力品」で地涌の菩薩に対して付嘱が行なわれたあと、その直後に「嘱累品」でその他の菩薩たちに付嘱が行なわれて終わるという形だったと思いますが、後世になってこの六つの章が追加されました。いつ誰が追加したのかは不明です。

第1章でも述べたように、この六つの章は原形部分とは異質です。『法華経』や原始仏教で否定されていたことが、逆に肯定的に強調されていたりするからです。ではなぜ、これらが追加されたのでしょうか。それは端的に言えば、『法華経』の高尚な教えに関心を示さない人々がいたため、妥協的にとっつきやすい内容で誘引した、ということになるでしょう。中村元先生の『古代インド』によれば、初期の大乗仏教には積極的に民衆を教化し導こうとする機運が満ちていたものの、「一般民衆は、あいかわらず太古さながらの呪術的な祭祀を行ない、迷信を信じていた」のが実情だったといいます。こうした一般民衆を教化するのは簡単なことではないと痛感した大乗仏教は、「民衆のこのような傾向に注目して、いちおう呪術的な要素を承認して、漸次に一般民衆を高い理想にまで導いていこうとした」というのです。

その分かりやすい例が、第二十一章「陀羅尼品《だらにほん》」（第二十六）です。陀羅尼とはサンスクリットの「ダーラニー」の音写で、「呪文」を意味します。薬王菩薩などの菩薩たちが、『法華経』の説法者たちに対して「私たちが守護しましょう」と言い、そのためのダーラニーの神呪を説くというのがこの章の内容です。しかし、原始仏典『スッタニパータ』では、呪法を行なうことを禁じていました。「わが徒は、アタルヴァ・ヴェーダの呪法《じゅほう》と夢占《ゆめうらな》いと相《そう》の占いと星占いとを行なってはならない」（中村元訳『ブッダのことば　スッタニパータ』）と明確に否定しています。「アタルヴァ・ヴェーダ」というのはおまじないの文言集です。ところが、『法華経』編纂当時も一般民衆はおまじないを信じていたため、そうした民間信仰を妥協的に取り入れた。この章と、その他の五章も、おおむねこのような理由で『法華経』に追加されたと理解すればよいでしょう。

以下、各章の内容を簡単に見ていきます。

第二十二章「薬王菩薩本事品《やくおうぼさつほんじほん》」（第二十三）は、薬王菩薩の過去世の物語です。過去世において薬王菩薩は、自分の体を生きたまま焼いたりしたと言い、それが最高の供養だと讃嘆されます。しかし、これを真に受けて、中国や日本では実際に焼身自殺を図る人が出ました。焼身自殺が最高の布施だという考えは、『法華経』とも仏教本来の思想とも異なるものです。

第二十三章「妙音菩薩品《みょうおんぼさつぼん》」（第二十四）は、妙音菩薩[*8]が別の国土から釈尊に会いに娑婆世界にやってくるという話です。娑婆世界への出発前、その仏国土の如来が妙音菩薩に、「釈尊やその他の菩薩たちは背が低いが、劣った者と見てはいけない」と忠告する場面があります。ちなみに妙音菩薩の身長は六千三百万キロメートル。これは地球と月の距離の百六十倍です。この壮大な設定は何を意味するのでしょうか。

この章が追加された頃、ブッダは巨大化する傾向にありました。バーミヤンの大仏*9や毘盧遮那《びるしゃな》仏*10などがその例です。この章を書いた人物は、ブッダの巨大化に疑問を抱いていたのではないでしょうか。このような巨大化は、人間だけでなく釈尊までをも卑小化することになります。「そうではない、人間から目を逸らすな」という戒めをこの章からは感じます。

第二十四章「観世音菩薩普門品《かんぜおんぼさつふもんぼん》」（第二十五）が説くことは、現世利益の最たるものです。民衆を取り込むために、「観世音菩薩*11」（観音菩薩）の名前を呼ぶだけでこんなご利益がありますよ、ということを語っています。例えば、大火の中に落ちても火傷《やけど》をしない、死刑判決を受けても死刑執行人の剣が粉々に砕ける、財宝を運ぶ隊商は盗賊の恐怖から解放される、男子誕生を願う女性には男子が、女子誕生を願う女性には女子が生まれる、などなど。これは、ただ観世音菩薩のご利益であって、「『法華経』を読めばこうなる」とは一言も書いてありません。『法華経』を信仰することとは関係なく作られたものが、『法華経』に取り込まれたことが読み取れます。

ちなみに、中国ではこの「観世音菩薩普門品」が特に注目されました。それは、「男子誕生を願えば男子が生まれる」とあるからです。男系の先祖崇拝を重視する中国では、男の子を産まないことは親不孝の最たるものとされていました。結婚して三年たっても男の子を産まない女性は離縁されました。そのため多くの人がこの菩薩を信仰したのです。このように、原形部分よりも追加部分の方に注目が集まるという残念な面も『法華経』にはありました。

第二十五章「妙荘厳王《みょうしょうごんのう》*12本事品《ほんじぼん》」（第二十七）では、バラモン教に熱心な父王を仏教に帰依させる兄弟の話が語られます。あるとき、仏教を信仰していたこの兄弟が、如来の教えを聞きに行きたいと母に相談すると、バラモン教徒である父が喜ばないだろうと言われました。そこで二人は、釈尊がバラモン教徒を教化する際に現した「舎衛城《しゃえいじょう》神変《しんぺん》」*13と同じ奇跡を見せて、父を説得します。そして息子たちが見せた奇跡に大いに満足した父王は、自らも仏弟子となったという話です。

この章を書いた人物は、なぜここでバラモン教の王様を登場させたのでしょうか。インドの歴史を振り返ってみると、釈尊が教えを説いていた頃はバラモン教が優勢でした。その後アショーカ王がインドを大統一し、それによって仏教が広まります。アショーカ王のマウリヤ王朝が衰退すると、その反動としてバラモン教の王様が再び力を持ち、バラモン復興を行ないます。さらにグプタ王朝の四〇〇年以後にバラモン教学が復興されました。私は、その時代にこの章が付け足されたのではないかと思っています。優勢になってきたバラモン教徒たちに、バラモン教の王様が仏教に改宗するという話をすることで、彼らも仏教に改宗するよう促す。そんな意図が込められているように思います。

第二十六章「普賢菩薩勧発品《ふげんぼさつかんぼつほん》」（第二十八）は、『華厳経』で重視される普賢菩薩*14が登場する話です。これは『華厳経』が成立した頃に付け足された章だと思います。

歓喜のフィナーレへ

そして、最後が第二十七章「嘱累品《ぞくるいぼん》」（第二十二）です。既に述べたように、本来はこれが「如来神力品」の次にあった最終章でしたが、後に六つの章が追加され、さらにその六つの章のあとに移動されたことで、現在の位置の最終章となりました。

「如来神力品」では地涌の菩薩に対し、娑婆世界における滅後の弘教の付嘱がなされました。この「嘱累品」では、その他のすべての菩薩たちに付嘱がなされます。弘教の場所はこれまでの流れからすれば、「娑婆世界以外で」と考えられます。

広める教えについては、「如来神力品」の地涌の菩薩の場合は『法華経』のエッセンスが付嘱されたと書かれていました。ここで付嘱された菩薩たちの場合は、方便を通して教えを知りたいという人たちにこう説きなさいと書かれています。ですから、直接的な表現ではなく間接的な表現で『法華経』を説いていく形になっているわけです。そこにも区別が付けられています。

いずれにしても、地涌の菩薩、そして残りのすべての菩薩に付嘱がなされました。釈尊と菩薩たちは、虚空から地上の霊鷲山に戻ってきます。分身の諸仏も元いたところに戻り、多宝如来も宝塔も地下に戻っていく。地涌の菩薩たちも戻っていく。すべてが元の通りに復帰します。そこにいた人たちは、今まで見たことのないことがあったと歓喜し、経典はフィナーレを迎えます。

さて、『法華経』を序品から最終章まで読んできました。いかがでしたか。

『法華経』は仏教の歴史に対してはもちろん、広くアジア、そして日本の思想や芸術にも大きな影響を与えてきました。そんな『法華経』を、私は現代を生きる人たちにもぜひ読んでほしいと考えています。今、日本の若い人たちを見ていると、多くの人が自分を見失っている、あるいは自分に自信を持てていないように感じます。『法華経』は、「あなたがいかに尊い存在であるか」を執拗なほど手取り足取り教えてくれる経典です。私自身、若い頃に自己嫌悪にさいなまれていましたが、『法華経』を読んで救われる思いになりました。

また、度々触れてきましたが、『法華経』には対立や憎しみを乗り越えるヒントが随所にあると思います。『法華経』編纂の目的が、小乗仏教と大乗仏教の対立を乗り越えて平等思想を説くことであったこと、また『法華経』が生まれたのが文明や人種のるつぼである西北インドであったことなどから、そこには、現代の世界において私たちが直面しているさまざまな対立や文明の問題を乗り越えていく智慧があるのではないかと思うのです。もちろん、複雑な現代社会において、『法華経』を読んだだけでそうした問題がすぐに解決するとは思いません。しかし、人類の歴史においてかつてこのような経典が書かれた、このような視点をかつて人類は持ち得た、ということは学べるのではないかと思うのです。

原始仏教の教えが時を経る中で変容されていったように、人類の経験や歴史も、時の流れの中でその意味が書き換えられていったりもします。そんなとき、一度立ち止まり、地位や、名誉や、権威に目をうばわれることなく、本来はどうだったのかと考えてみる。原点はこうだったのではないかと訴えていく。『法華経』の中にあるそんな姿勢も、私たちを勇気づけてくれるように思います。

＊1 威音王仏

「恐ろしく響く音声の王」という如来で、歴史上最古の仏。それ以前は、天地未分、一切の差別や対立、言語などの成立以前の世界とされる。

＊2 増上慢

いまだ覚りを得ていないのに、覚ったとして思い上がること。慢・過慢・慢過慢・我慢・卑慢・邪慢と並んで、「七慢」の煩悩に数えられる。

＊3 竺法護

二三二～三〇九？ 中国西晋の訳経僧。敦煌《とんこう》の生まれ。西域遊歴から仏典を携えて帰国し、四十年にわたって百五十余部を翻訳した。『光讃般若経』『正法華経』『維摩詰経』など。

＊4 ネルソン・マンデラ

一九一八～二〇一三。南アフリカの黒人解放運動家・政治家。大学在学中からアパルトヘイト（白人による有色人種の差別隔離政策）の撤廃運動に参加。逮捕され、一九六四～九〇年の間獄中にあった。九四年、黒人初の大統領に就任した。

＊5 キング牧師

一九二九～六八。アメリカの牧師・黒人解放運動指導者。五〇年代半ばから、ガンディーの「非暴力抵抗」とキリストの「愛」を結合した非暴力直接行動を展開。六四年、強力な公民権法を実現させた。その後も平和・民主主義の非暴力達成を目指したが、遊説中に暗殺された。

＊6 智顗

五三八～五九七。中国の僧侶。浙江省の天台山に入って教学を体系化し、天台宗を開く。講述書『法華文句』は『法華玄義』『摩訶止観』と併せて「天台三大部」と呼ばれる。天台山では後に最澄が学び、日本に天台宗を伝えた。

＊7　「立正安国」

立正安国は「正法を建立して国土を安穏にする」の意。一二六〇年、鎌倉幕府前執権・北条時頼に上呈した論書に日蓮はこの題名をつけ、現世を厭離《おんり》して来世の極楽往生を願うより、この穢《え》土《ど》を仏国土にしようと菩提心を発《おこ》すことの大切さを訴えた。

＊8　妙音菩薩

妙音は「明瞭で流暢に話す声を持つもの」の意で、妙音菩薩はその明瞭な声で十方世界に教えを広めるという。また観音菩薩と同じく、さまざまな姿で現れて人を救うともいう。

＊9　バーミヤンの大仏

アフガニスタンの山岳地帯にあるバーミヤン遺跡は壮大な仏教遺跡。中でも、五～九世紀に山を削り込んで造った「西大仏」（高さ五十五メートル）と「東大仏」（同三十八メートル）は国際的にもよく知られていたが、二〇〇一年、イスラム原理主義組織タリバンにより破壊された。

＊10　毘盧遮那仏

巨大な毘盧遮那仏の例として、東大寺の「奈良の大仏」がある。東大寺は奈良時代に聖武天皇の発願で建立された寺で、その金堂（大仏殿）の本尊が巨大な「銅造盧舎那仏坐像」（大仏）。鎌倉時代と戦国時代に焼失しその都度再建補修されて、当初のものより小さくなっているが、それでも像高は十五メートル弱、基壇の周囲は約七十メートルもある。

＊11　観世音菩薩

アヴァローキタスヴァラ（avalokitasvara）から鳩摩羅什は「観世音」と漢訳し、アヴァローキテーシュヴァラ（avalokiteśvara）から玄奘三蔵は「観自在」と漢訳した。また、この章で具体的に示されるさまざまな姿が三十三種に数えられるところから、三十三観音の信仰が生まれ、各地に観音札所が作られた。

＊12　妙荘厳王

「美しく荘厳されたもの」という意味の名の父・妙荘厳王を改心させるのは、「清浄無垢の胎蔵を持つもの」という浄蔵（じつは後の薬王菩薩）と、「清浄無垢の眼を持つもの」という浄眼（じつは後の薬上菩薩）の二人の息子である。

＊13　舎衛城神変

舎衛城は釈尊の時代のコーサラ国の都。釈尊はここで、異教徒を改宗させるために、恐るべき神通力で、たくさんの化仏を生み出し、その体から火や水を噴出させるなどの奇跡（神変）を行なった。妙荘厳王の息子たちもまた、父を改宗させるために、虚空にのぼったり、身から火や水を出したりという神変を行なった。

＊14　普賢菩薩

普賢とは「普く祝福されている人」の意。文殊菩薩とともに諸菩薩の上位にあり、釈迦如来の脇侍（向かって左）とされて仏の慈悲を表す。その際、しばしば白象に乗った姿であらわされる。単独では延命の本尊とされるため、普賢延命菩薩ともいう。

ブックス特別章
対立と分断から融和へ

「不軽の解」による人間尊重

「100分de名著 法華経」の放送をご覧になった方々の多くから「常不軽菩薩の話に特に感動しました」という感想が寄せられました。また、NHK文化センターでの『法華経』講義でも、どんなに軽蔑され、悪口《あっく》・罵詈《めり》されても決して感情的にならず、誠意を貫き通した常不軽菩薩の振る舞いについて話しているとき、八十代のご婦人が、「自分の生き方は間違っていなかった」と嗚咽《おえつ》しながら聞いてくださっていたこともありました。とかく、この世は対立や無理解に悩まされることが絶えません。長年の人生経験を経て、感ずるところが多かったのでしょう。

NHK文化センターでの受講者は、十代から二十代の学生を相手とする大学の講義と違い、二十代から八十代までと層が厚い。定年退職される前であれ、後であれ、受講者の経歴は知る由もなく、どんな人たちかも知らされない、とても怖い講義を強いられます。あとで分かった人の経歴だけでも、現役の大学教授や、医者、僧侶、新聞の論説委員、編集者から、大変熱心に学んでおられる主婦や会社員まで幅広い。

私の講義では、誰でも、どんなことでも、事前通告なしで質問していいことにしているし、「時間がない」と質問を打ち切ることもないので、長いときで三十分オーバーすることもあります。だから、自分独りでは思いつかないような視点からの質問に刺激され、新たな観点に気づかせてもらっています。

その講義で、「常不軽菩薩は、そこまで悪口・罵詈され、危害を加えられそうになっても、なぜ人々を尊重する〝常不軽〟の振る舞いを貫くことができたのでしょうか？」という問題提起がなされたことがありました。本書の第4章に書いた理由に満足できなかったのでしょう。

その答えとしては、世親《せしん》（または天親《てんじん》）と漢訳されたインドのヴァスバンドゥ（四～五世紀頃）が残した『法華論《ほっけろん》』の次の言葉を挙げることができるでしょう。

「我れ汝《なんじ》を軽《かろ》んぜず。汝等《なんだち》は皆当《まさ》に作仏《さぶつ》することを得べし」とは、衆生に皆、仏性《ぶっしょう》有ることを示現《じげん》するが故なり。

（大正蔵、巻二六、九頁上）

すべての衆生が本来、「仏となる可能性」「仏の本性」である仏性（如来蔵《にょらいぞう》）を具えているからだと言うのです。「仏性」という言葉は、中期大乗仏典（四～五世紀）の『涅槃《ねはん》経《きょう》』などで用いられるようになりました。一世紀末から三世紀初頭に編纂された初期大乗仏典の『法華経』に「仏性」という言葉は出てきませんが、その考えはすでに現われていました。ヴァスバンドゥは、その思想を汲み取って記述したのでしょう。

中国の天台大師智顗《てんだいだいしちぎ》（五三八～五九七）は、ヴァスバンドゥの言葉よりさらに立ち入って、『法華文句《ほっけもんぐ》』で次のように論じています。

内に不軽の解《げ》を懐《いだ》き、外に不軽の境《きょう》を敬う。身に不軽の行《ぎょう》を立て、口に不軽の教《きょう》を宣《の》べ、人に不軽の目《もく》を作《な》す。（大正蔵、巻三四、一四〇頁下）

心（＝意《い》）に「不軽の解」を抱いているからこそ、身体（＝身《しん》）と言葉（＝口《く》）によって具体化する一切の不軽（軽んじない）という行為が可能になります。また、あらゆる人が尊い存在であり、軽んじられるべきではないと見ることができると言うのです。その「不軽の解」を智顗は、ヴァスバンドゥの言葉を踏まえて、「衆生に仏性有るを知る」ことだと述べています。

まず、〈意〉すなわち心に、「衆生に皆、仏性有る」ことを信じるがゆえに、〈身〉にあらゆる人への礼拝をなし、〈口〉に「我深く汝等を敬う」と語り続けるのであり、身口意の三業《さんごう》で、すなわち全身全霊で不軽の礼拝を行じることができると言うのです。

仏教では、〈身〉と〈口〉だけでなく〈意〉の働きも行為（karman＝「業」と漢訳）として認めていて、身口意の三業と称します。あらゆる行為の根本に心（意）の思いがあるからです。心に思ってもいないのに、口先だけや、格好だけでは、いつかメッキがはげてしまいます。常不軽菩薩が、どんなに悪口・罵詈されても決して感情的にならず、人間尊重の振る舞いを貫くことができたのは、〈意〉に「不軽の解」が不動のものとしてあったからだと智顗は言うのです。

自己から他者へ「不軽の解」の拡大

では、どうしたら「衆生に仏性有るを知る」ことができるのでしょうか。それには、まず「自己に仏性有るを知る」ことが第一でしょう。それは、〝真の自己〟に目覚めることであり、自己との思想的対決や格闘の結果得られるものです。

第四章「信解品」（第四）の「長者窮子の譬え」は、自らを卑下していた貧しい男が、自らの尊さに目覚める物語で、〝失われた自己の回復〟〝真の自己〟に目覚めることがテーマでした。それこそ、自己を卑屈に思い、自己卑下していた男が、「自己に仏性有るを知る」に至るまでのストーリーです。

『法華経』にその場面は描かれていませんが、常不軽菩薩も、自己卑下や、自信喪失、自己嫌悪などを乗り越え、自らの存在の尊さを覚知した原体験があったはずです。そうでなければ、他者の尊さを信ずることはできなかったでしょうし、あれだけ長期にわたって悪口・罵詈され続けて、信念を貫くこともできなかったことでしょう。

〝真の自己〟に目覚めることは、同時に他者の〝真の自己〟に目覚めることでもあります。自己嫌悪、自己卑下の苦悩を超えて、自己の尊さに目覚めることは、他者の尊さに目覚めることでもあり、自己から他者への「不軽の解」の拡大・発展につながります。

原始仏典の『サンユッタ・ニカーヤI』に次の言葉があります。

あらゆる方向を心が探し求めてみたものの、どこにも自分よりももっと愛《いと》しいものを見出すことは決してなかった。このように、他の人にとっても、自己はそれぞれ愛しいものである。だから、自己を愛するものは他の人を害してはならないのである。

（著者訳）

仏教においては、自己への目覚めを通して他者への目覚めへと発展するという形での他者との関わりが重視されました。その第一歩が、かつての修行仲間であった五人に対して鹿野苑《ろくやおん》でなされた釈尊の初転法輪《しょてんぽうりん》でした。

自己から他者へのこのような展開を日蓮は、次のように表現しています。

一心《いっしん》を妙と知りぬれば、亦《また》転じて余心《よしん》をも妙法と知る処《ところ》を妙経とは云《い》うなり。
（『一生成仏抄《いっしょうじょうぶつしょう》』）

これは、天台大師智顗の、

一心、観《かん》を成《じょう》ずるに由《よ》って、亦《また》転じて余心を教ゆ。之《これ》を名づけて経と為《な》す。
（『法華玄義』巻一上）

という一節に其づくものでしょうが、日蓮の表現の方が「言葉」と「自己」と「他者」との緊密な関係が見事に、また簡潔に表現されています。

自己の一心が、妙法（最高の真理）に則ったものであると知ったとき、転じて他者の余心もまた妙法にかなったものであるはずだと知る（信ずる）ことができる。だから、他者にもそのことを知らせたくて、妙経という言葉による表現の行為となって現われる――と言うのです。自己の尊さに目覚めるからこそ、他者の尊さも理解できます。『法華経』は、「あなたもブッダになれます」「あなたは貴い存在です」と人々に訴え、失われた自己を回復させ、〝真の自己〟に目覚めさせる経典です。人間として生きることの貴さを訴えています。

「皮膚の色」と「生まれ」による身分制度

ところが、現実社会を見ると、どうでしょうか。差別と憎悪による対立と分断が横行しています。その多くは、皮膚の色の違いや、性別などの外見の違いに基づくものだと言えます。

釈尊は、徹底した平等主義に立って、一貫して「皮膚の色」や、「生まれ」などによって人が差別されるべきではないと主張しました。インドでは古来、人々は根強い身分制度に支配されていました。「皮膚の色」による差別とは、インドに民族大移動してきた白人種のアーリア人による、インドにもともと住んでいたドラヴィダ族をはじめとする人たちに対する人種差別でした。「生まれ」による差別とは、家柄や、種姓、男女の間の差別のことですが、人種差別も含むと考えていいでしょう。

インドの身分制度には、このように「皮膚の色」すなわちヴァルナ（varṇa）と、「生まれ」すなわちジャーティ（jāti）の二つの要素が複雑に絡んでいます。だから、外国人が名付けた「カースト制度」という言い方よりも、「ヴァルナ・ジャーティ制度」と言った方が正確です。

それは、皮膚の色によって、大きくバラモン（婆羅門＝司祭者）、クシャトリヤ（王族）、ヴァイシャ（庶民）、シュードラ（隷民《れいみん》）という四つの階層に分けられました。これらの四つの名前が列挙されたのは、バラモン教の最古の聖典『リグ・ヴェーダ』が最初でした。その中の「プルシャ（原人《げんにん》）の歌」に、巨大な原人（puruṣa）から宇宙が展開した経路を説明する次の一節があります。

〔神々が、原人（puruṣa）を切り刻んだときに、〕彼の口はバラモン（brāhmaṇa）であった。〔彼の〕両腕は王族（rājanya）となされた。彼の太腿《ふともも》は庶民（vaiśya）となされた。彼の両足からは隷民（śūdra）が生みだされた。（著者訳）

この四つの階層を基にして、地域ごとに分業体制が進んで、職業が世襲化されるようになり、同業者同士が「生まれ」を同じくする集団として結束するようになって、カーストという社会集団が成立していきました。

人の貴賤は行ないによって決まる

釈尊は、こうしたバラモン教的人間観に支配された社会にあって、「皮膚の色」や、「生まれ」によって身分を分かつカースト制度を批判しました。最古の原始仏典である『スッタニパータ』には、次のような言葉があります。

生まれによって賤しい人となるのではない。生まれによってバラモンとなるのではない。行ないによって賤しい人となるのであり、行ないによってバラモンとなるのである。（著者訳）

バラモン教の社会において、バラモンは尊敬されるべき人と言われていました。その理由は、バラモンの家系の生まれであるという一点にありました。このように、生まれが何であるかということで、人の貴賤が分類されていたわけです。

それに対して釈尊は、「バラモンの生まれだから尊敬されるべき人である」という迷信的通念、あるいは権威主義的発想を否定しました。そして、「尊敬されるべき人」をもし「バラモン」という名で呼ぶとしたら、それは生まれのいかんによるのではなく、その人の振る舞い、行為、生き方のいかんによるのだと主張しました。発想を逆転させたのです。これは、何もバラモン教の言うバラモンを肯定したものではありません。「バラモン」という既成の言葉だけを借りて、その意味内容を塗り替えて、実質を伴わせようとしたものです。

また、古さの点で『スッタニパータ』と並ぶ『サンユッタ・ニカーヤI』でも、釈尊は次のように述べています。

多くの呪文をつぶやいても、生まれによってバラモンとなるのではない。〔バラモンと言われる人であっても、心の〕中は、汚物で汚染され欺瞞《ぎまん》にとらわれている。クシャトリヤ（王族）であれ、バラモンであれ、ヴァイシャであれ、シュードラであれ、チャンダーラ（旃陀羅《せんだら》）や汚物処理人であれ、精進《しょうじん》に励み、自ら努力し、常に確固として行動する人は、最高の清らかさを得る。このような人たちがバラモンであると知りなさい。

（著者訳）

バラモン教の聖典である『ヴェーダ』を呪文のように唱えて宗教的祭儀を司っていたバラモン階級について、その生まれだけで清らかだとは言えない、その内心は、汚物で汚れているとまで言い切っていました。その一方で、不可触民とされたチャンダーラも、その行ないによって「最高の清らかさ」を得ることができると断言していたのです。

釈尊は、出家して袈裟《けさ》を着ていましたが、それはチャンダーラたちが身に着けていたものです。「袈」も「裟」も、「薄汚れた色」「黄赤色」を意味するサンスクリットのカシャーヤ（kaṣāya）を音写するために中国で造られた漢字です。その衣は、墓地に放置された死体をくるんでいたものでした。死体が猛獣に食べられてしまい、布の破片が散らばっているのを拾い集め、洗って、つなぎ合わせたものを衣にしていたのです。死体の体液の染《し》みで汚れ、黄赤色になっていることから、その衣はカシャーヤと呼ばれていました。あるいは、パーンスクーラ（pāṃsu-kūla、拾い集めたぼろ布で作った衣）と言われることもあり、それは「糞掃衣《ふんぞうえ》」と音写されました。

釈尊をはじめとする出家者は、袈裟を着て、意図的に最下の階級であるチャンダーラと同じ境地に身を置いていたのです。出家することは、本来、世俗の名誉、名声、利得など一切をかなぐり捨てて、社会の最低辺に置かれた人たちと同じ立場に立つことでした。外見や生まれによってではなく、行ないによって、最高の清らかさを得る在り方を探求し、その立場から平等を唱えていたのです。

『サンユッタ・ニカーヤI』には、スンダリカ・バーラドヴァージャというバラモンが、「あなたの生まれは何ですか？」と、釈尊のカーストを尋ねたことも記されています。それに対して釈尊は、次のように答えています。

生まれを尋ねてはいけない。行ないを尋ねよ。火は実に木片から生じる。賤しい家柄〔の出〕であっても、堅固《けんご》で、慚愧《ざんき》の念で自らを戒めている賢者は、よき生まれ〔すなわち高貴〕の人となるのである。（著者訳）

「慚愧の念」、すなわち自らを恥じ入る反省の心をもって自らを戒める、それによって高貴の人となると言うのです。

釈尊はこのように、カースト制度の矛盾を示し、人間は皆平等であると、機会あるごとに仏教外の人々にも、対話を通して訴えかけていました。

仏教は徹底した平等思想に立っていたので、バラモン教の立てた四姓の階級的区別を全面的に否認していました。ジャイナ教も初めは同じ立場を取っていましたが、後世になってカースト制度を容認し、妥協してしまいました。それに対して、仏教徒は最後までカースト制度を承認しませんでした。中村元先生は、カースト制度の支配的なインド社会において仏教が永続的に根を下ろすことができなかった理由の一つとしてこの点を挙げています（『大乗仏教の思想』五四五〜五四六頁）。

人間の間の差別は言葉による

このように、釈尊の平等観は生まれによって人の差別が生じるのではない、その人の振る舞い、行為、生き方によって貴賤が決まるという点にありました。そして、人間に差別があるかのように世間で言われているのは、人間が勝手に言葉で規定しただけであると、『スッタニパータ』で次のように言っています。

髪についても、頭、耳、眼、口、鼻、唇《くちびる》、眉《まゆ》、首、肩、腹、背、〔中略〕手、足、指、爪、脛《すね》、腿《もも》、容貌、声についても、他の生類《しょうるい》の間にあるような、生まれにもとづく特徴〔の区別〕は〔人間同士においては〕決して存在しない。身体を有する〔異なる生き〕ものの間ではそれぞれ区別があるが、人間〔同士〕の間ではこれ〔区別〕は存在しない。名称（言葉）によって、人間の間で差別が〔存在すると〕説かれるのみである。（著者訳）

「人間同士において、身体的特徴としての本質的な区別は存在しない。それなのに、いかにも人間の間に差別があるかのように思わせているのは、言葉によるものである」と言うのです。私たちは、言葉によって概念規定されて、存在しないものも存在するかのように思い込みがちですが、人間における差別も、言葉によって誰かが勝手に言い出しただけであって、人間には本来、差別はないと断言しています。

紀元前十二世紀頃、現在の形に編纂された『リグ・ヴェーダ』の「プルシャの歌」に四つの階層が規定されたことで、身分が一方的に決めつけられてしまったのは、まさに「名称（言葉）によって、人間の間で差別が〔存在する〕」ことに相当します。それは、支配者が被支配者を従属させるために考え出した神話的意義づけの言葉でした。

聖典に書いてあるというだけで、自らの眼で確認もせずに、先人が言ったことを何の疑問も抱くことなく鵜呑《うの》みにして伝承しているバラモンの教えは、前後の人を見ない「盲人の一列縦隊」（『ディーガ・ニカーヤI』）と同じで、「バラモンたちの語る言葉は、笑うべく、言葉のみであり、空虚で、虚妄《こもう》なものである」（同前）とまで、釈尊は語っていたのです。

私たちの周りには、「言葉のみ」によって作られた価値観、思い込まされたこと、迷信、権威、あるいは祟《たた》り、脅《おど》し、恫喝《どうかつ》、中傷、罰への不安などがいかに多いことか。そこにおいて、釈尊は「あるがままに見る」(yathābhūtam paśyati) ことを重視しました。それは、第十五章「如来寿量品」(第十六) で「如実知見《にょじつちけん》」と漢訳されています。あるがままに見ることによって、思い込まされたこと、決めつけられたことから解放されるのです。

『法華経』が編纂された頃の仏教界は、自らを声聞や独覚だと規定する小乗仏教の人たちと、菩薩と自認する大乗仏教の人たちが、相互に相手を非難して対立していました。それは、釈尊から見れば、言葉によってそう思い込んでいるだけだということになります。声聞だ、独覚だ、菩薩だという言葉にとらわれて自他を区別し、その違いに執着していたのです。それに対して、釈尊は、第一章「方便品」(第二) で「私にとって、この世に声聞〔と言われる人〕は誰一人として存在しないのだ」(著者訳『サンスクリット版縮訳　法華経　現代語訳』四七頁) と語って、声聞や菩薩たちを思い込みから解放しました。

釈尊から見れば、声聞や独覚、菩薩と言っても、それは言葉によって違いがあるように見えるだけで同じ人間ではないか、ということでしょう。

皮膚の色の違いによる人種的偏見への反駁

人種的偏見も、こうした言葉による決めつけや、思い込みの一つと言えます。バラモン階級出身の青年が、出家して仏教教団に入ったとき、バラモンたちがその青年をこぞって非難しました。その言葉が、原始仏典の『ディーガ・ニカーヤⅢ』に次のように記されています。

バラモンは最上の階級であり、他の階級は劣っている。バラモンのみは白い色であるが、他は黒い色である。バラモンのみは清浄であるが、バラモンならざるものはそうではない。バラモンのみは梵天の真正の子であり、その口から生まれたのである。（中略）汝《なんじ》らは最上の階級を捨ててかの賤しい階級に近づき、剃髪《ていはつ》した道人《どうにん》、色の黒い傭人《ようにん》、われら一族の足から生まれた者どもに親しんでいるが、それはよろしくない。（中村元訳）

バラモン階級は、インドに民族大移動してきた白人種で、自らを「梵天の口から生まれた者」とし、インドにもともと住んでいたドラヴィダ族などの人々を、「われら一族

（梵天）の足から生まれた者」と一方的に決めつけて、「皮膚の色」と「生まれ」によって差別するカースト制度を正当化していました。それに対して、平等思想に立つ釈尊は、「梵天の口から生まれた」と言っているバラモンといえども、すべての人と同じく母親から生まれているという事実を突きつけ、「皮膚の色」の違いによる人種的偏見に反駁《はんばく》しました。

平等ということは仏教独自の思想で、「平」と「等」を組み合わせたこの言葉は、サンスクリットのサマ（sama）、あるいはサマター（samatā）を漢訳するために造られました。この「平等」という漢字を、「へいとう」ではなく、「びょうどう」と読むことに疑問を抱かれたことはないでしょうか。「へいとう」は漢音《かんおん》、「びょうどう」は呉音《ごおん》の読み方で、呉音で読むのは、それが仏教用語であったからです。日本では古来、経典はすべて呉音で読経されています。

仏教の平等論は、労働や教育、財産などに関する社会的権利の主張として論じられたのではなく、一人ひとりが「法」（人間として在るべき普遍的な真理）に基づいて〝真の自己〟に目覚め、智慧と人格の完成によって、自他ともに人間の尊厳に目覚めるという形で提唱されました。それは「権利の平等」というよりも、「精神的・宗教的な意味での平等」を意味していました。

『法華経』は、在家と出家、男女の性差を問わず、人種の違いを超えて、一仏乗の思想をもって、あらゆる人が一人の人間としての〝真の自己〟に目覚め、智慧と人格の完成によって、自他ともに人間の尊厳に目覚めることを提唱していたのです。

このような仏教の平等思想が、第十二章「安楽行品」（第十三）にもさり気なく反映されています。それは、仏滅後に菩薩が、安楽に住するための四つの在り方（四法）を実践する人について語った次の箇所です。

憂いも、障害も、醜さも、病もない。その人には皮膚の黒さも、粗末な町に住むこともないのだ。

（著者訳『サンスクリット版縮訳　法華経　現代語訳』二四三頁）

この「皮膚の黒さ」という言葉は、インドにおける人種差別を連想させます。先の『ディーガ・ニカーヤⅢ』でも見たように、釈尊在世の頃も、皮膚の黒い人たち、すなわちドラヴィダ族などの先住民を蔑《さげす》むバラモンたちがいましたが、それは『法華経』が編纂された頃も変わりなかったということです。

『法華経』において、このような言い方がなされているということは、『法華経』信奉者の中に、憂いや、障害、醜さ、病、皮膚の黒さを具え、粗末な町に住んでいて、そのことを非難されていた人たちがいたのでしょう。『法華経』は、その人たちのことを「常に麗しい容貌を持ち、如来のように供養されるべき」（同前、二四三頁）だと主張しています。このことから、『法華経』信奉者たちは、皮膚の黒い人たちを平等に受け入れて、その人たちも如来と同等に敬われるべきだと語っていたことが読み取れます。

「如来のように供養されるべき」だということは、第十章「法師品」（第十）の「如来に対するのと同じようにその人を恭敬するべきである」（同前、一七九頁）という言葉と同じです。それは、「如来によってなされるべきことをなす人」（同前、一八〇頁）のことを言ったもので、これも、「行ない」と関係して述べられています。その「行ない」は、「如来によってなされるべきことをなす」ことであって、「行ないによって貴賤が決まる」という釈尊の考え方からすれば、最高の「行ない」をしていることであり、如来と同等だということになります。

性差よりも人間としての在り方

次に女性に対する差別と名誉回復について見てみましょう。第1章でも見たように、原始仏典を見る限り、女性修行者たちは教団内で平等をかち得ていました。特に女性出家者たちの手記詩集である著者訳『テーリー・ガーター　尼僧たちのいのちの讃歌』

には、「私はブッダの教えをなしとげました」「私は解脱しました」と、女性たちが誇りに満ちた言葉を綴っています。

その中に、女性を蔑視する悪魔をやり込めたソーマー尼の詩があります。

〔悪魔が言いました。〕「到達し難くて、仙人のみによって得られるべきその境地は、二本指ほどの〔わずかな〕智慧しか持たない女が獲得することはできないのだ」

これは、当時のバラモン教の社会における女性についての一般通念を悪魔の口を借りて語らせたものでしょう。これに対して、ソーマー尼は、

心がよく集中していて、智慧が現に存在している時、正しく真理（法）を観察している人にとって、女性であることが一体、何〔の妨げ〕となるのでしょうか。

と毅然として答えています。「女人であること」は「智慧が乏しいこと」であると見なしている悪魔に対して、ソーマー尼は、「正しく法を観察し」、また「智慧が生じてい

る」という事実に立って、「女人であること」は智慧を獲得するのに何ら妨げとはならないことを主張しています。

これと同じ文章が、『サンユッタ・ニカーヤⅠ』にも見られます。そこでは、そっくり同じ今の文章に次の一節が付加されています。

「私は女であろうか、それとも男であろうか」と、あるいはまた、「私は何ものであろうか」と〔迷っている〕人、その人にこそ悪魔が話しかけることは値するのである。（著者訳）

女性を蔑視していたバラモン教の社会にあって、仏教教団の女性たちは、女性であることに何の引け目も感じることなく、男性と対等に振る舞っていたことを見て取ることができます。

ところが、釈尊の入滅後、女性は教団内において地位が低下し、小乗仏教において女性は穢れていて成仏できないものとされてしまいました。

紀元前後に興った大乗仏教の課題の一つが女性の名誉回復でした。『法華経』の少し前の一世紀頃に編纂された『維摩経』は、「一切は男にあらず、女にあらず」として

「空」を強調しました（著者訳『サンスクリット版全訳　維摩経　現代語訳』二二七〜二四〇頁）。

ところが、日本のフェミニストたちは、それについて、「性差を否定するものだ」と批判しました。しかし、それを言うなら、「性差にとらわれることを否定するものだ」と言い換えるべきです。

「男にあらず、女にあらず」という「空」の論理は、必ず小乗仏教の代弁者――『維摩経』ではシャーリプトラ（舎利弗）が、男か女かという二者択一的に男性優位を主張した直後に出てくることに注意しなければなりません。男性優位の考えに対して、「男は敵だ、女は被害者だ」として女性優位を主張しても、同じものの裏と表の関係であって、二元対立の域を出ていません。二元対立の思考にとらわれて不毛の論議に陥らないために「空」の論理が用いられているのです。

しかも、話は「空」で終わっていません。男か女かという表面的な違いにとらわれ、二者択一に執着する相手の態度を「空」の論理によって否定しておいて、その次に「人間として何をするか」「人間としてどうあるか」という高次の普遍的次元から平等を説いていることを見落としてはならないのです。

男か女かという次元の主張に対して、男か女かという二元対立を超越したところから女性たちが答えていることを見落としてはなりません。それは「人間として」という次元からの答えでありました。男女の違いから対立するのではなく、男女の生物学的違い（sex）を違いとして認めて、さらに人間としての在り方という普遍的な立脚点を提示しているのです。それがまさに、仏教の目指した「ジェンダー平等」（gender equality）と言うべきものでした。

仏教は、二元相対的思考に陥ることを戒めたところに特徴があります。釈尊自身の思考の特徴もそこにありました。ところが小乗仏教は、在家と出家、男と女といった二元相対的思考に陥っていました。そうした思考が虚妄なものであることを、大乗仏教は「空」の思想によって批判したのです。「空」によって、男女の差異が本質的なものでも、実体的なものでもないことを訴えて、その上で、さらに積極的に、その差異を超えて、「人間として」の在るべき在り方へと止揚する主張もなしていたのです。

「男であること」や「女であること」の違いよりも、「人間として何をするか」ということを重視する態度は、先に挙げた『スッタニパータ』の、人の貴賤は「生まれ」によってではなく、「行ない」によって決まるという考え方とも共通しています。「男であること」、あるいは「女であること」は、ここで言う「生まれ」の一つに当たります。男であるか、女であるかによって卑しくなるのでもなく、貴いとされるのでもありません。男女という「であること」の違いではなく、「行ない」、すなわち「すること」の内容によって賤しくも貴くもなるというのです。

多様性の尊重に不可欠な平等相の視点

最近、多様性（diversity《ダイヴァーシティ》）という言葉をよく聞きます。人種、性別、文化、考え方などの違い（多様性）について、「異質なものを排除するのではなく、理解し、受容すること」という相互理解の必要性が説かれ、さらには「自分とは異なる他者を受け入れ、より別種の思考を取り入れて、新たな創造性につなげること」というイノベーション（新たな価値創造）の原動力として語られているようです。

ここでの問題点は、多様性の違いにとらわれれば、対立、差別が生じかねないということでしょう。多様性の違いを違いとして認め、個性として尊重するためには、その違いを超えた普遍的視点が必要になります。人種差別や、女性差別の問題も、より普遍的な視点に立たない限り、対立や差別をなくすのは困難です。

多様性は、仏教用語を用いれば「差別相《しゃべつそう》」と言い換えることができるでしょう。仏教用語としての「差別」は、「しゃべつ」と読んで、「差異」「相違」「違い」を意味します。英語の difference《ディファレンス》です。人種差別や、女性差別などとして用いられるときの「差別《さべつ》」は、英語の discrimination《ディスクリミネーション》のことで、意味が異なります。「差別《しゃべつ》」の反対語が、

「平等《びょうどう》」で「共通」「同等」「無区別」を意味します。

こうした意味を踏まえて、「差別相」を定義すると「現象世界のあらゆるものが、それぞれに異なる独自の多様なものとして存在している在り方」と言えるでしょう。それに対応する「平等相」は「それぞれに異なる諸々の多様な現象を貫いている普遍的真理／在り方」と定義することができます。

この「差別相」と「平等相」の関係を譬えた譬喩が『法華経』の第五章「薬草喩品」（第五）に出てきます。

「この三千大千世界に生えている草や、灌木、薬草、樹木、小樹、大樹は、若くて、柔らかい茎、枝、葉、花を持ち、そのすべては、雲によって放出された雨水から、能力に応じ、立場に応じて、水を吸い上げる。それらは、同一の雲から放出された同一の味の雨水によって、それぞれの種類に応じて発芽し、生長し、大きくなる。それぞれに花と実を着け、それぞれに名前を得るのである。しかも、それらの薬草の群落や、種子の集団は、すべて同一の大地に生えて、同一の味の雨水によって潤されるのだ」

（著者訳『サンスクリット版縮訳　法華経　現代語訳』九七頁）

鳩摩羅什は、この箇所を次のように漢訳しました。

一地《いちじ》の所生《しょしょう》、一雨《いちう》の所潤《しょにん》なりと雖《いえど》も、而《しか》も諸《もろもろ》の草木、各《おのおの》差別有るが如《ごと》し。

（著者訳『梵漢和対照・現代語訳　法華経』上巻、三四四頁）

地球上に生い茂っている植物が、同一の大地に根差し、同一成分の雨水に潤されていながら、千差万別の違いを個性として発揮して、それぞれに美しい花を咲かせているという譬えです。人間の多様性を千差万別の植物に譬え、その多様性も人間、あるいは生命という同一の大地に根差し、人間として在るべき理法（dharma《ダルマ》）によって潤されていて、その結果、それぞれの個人が「無量の人間の花」（著者訳『サンスクリット版縮訳法華経　現代語訳』一〇三頁）を咲かせ、輝くことになるというのです。

ここに、「千差万別の植物」の差別相を対立的にとらえるのではなく、差別相をそれぞれの個性、独自性として生かす「同一の大地」「同一の雨水」という平等相の役割を見ることができます。

同じく第五章には、鳩摩羅什訳にはありませんが、後世に書き足された「容器の譬え」があります。それも、差別相と平等相の関係を示しています。

「例えば、カーシャパ（摩訶迦葉）よ、陶工が同じ粘土で種々の容器を作るようなものである。あるものは黒糖の容器となり、あるものはバターの容器、あるものはヨーグルトや牛乳の容器、あるものは不浄なものの劣った容器となる。粘土に多様性はないけれども、中に何を入れるかということだけで、諸々の容器の多様性が認められるのである」（著者訳『サンスクリット版縮訳　法華経　現代語訳』一〇五頁）

容器の用途にとらわれれば、差別相としての違いが際立ち、素材に注目すれば平等相としての同一性が明らかになります。同じ素材のものが、用途によって違いがあるかのように見えるだけだということです。

このように、仏教においては、あらゆるものごとを見るときに差別相と平等相の両面から見ていました。いずれか一方にとらわれることは、迷妄となります。本章で見てきた原始仏教をはじめとして、『維摩経』や『法華経』の平等思想は、この差別相と平等相の両面から人間を見た当然の帰結でありました。

肌の色や、性別といった差別相の次元だけにとらわれていては、対立や差別を超えることはできませんが、人間存在、命という平等相の立場に立脚するが故に対立を超えて多様性を活かすことができます。仏教、なかんずく『法華経』はその人間存在の尊さ、命の尊厳を説き、あらゆる人を自己の貴さに目覚めさせることを意図していました。

現代では、差別相の違いを誇張して憎悪を煽《あお》り立て、対立を掻《か》き立てるヘイト・スピーチが行なわれたり、権力者によっては、自らへの批判の目をそらすために、対立を煽って憎しみの心を燃え上がらせ、人々を分断させたりすることを行なう者もいます。

対立や分断、憎悪と差別を乗り越えるためには、差別相にとらわれず、人間の我欲、偏執を超克した人間存在の尊さ、命の貴さという平等相に立つことが重要になってくるでしょう。

『法華経』信奉者たちは、人間存在の尊さという平等相に立って、あらゆる人が平等であり、等しく成仏できることを主張しました。ところが、差別相に立つ者たちは、憎悪の心をもって彼らを悪口・罵詈しました。それに対して、本書の第2章でも触れたように、第十章「法師品」（第十）では、衣《え》・座《ざ》・室《しつ》の三軌という実践規範が説かれました。忍耐に対する喜びという「衣」を着て、あらゆるものごとが空だと覚って、悪口・罵詈にもとらわれない「座」に坐し、一切衆生に対する慈悲という「室」に住する――すなわち、どんなに嫌がらせをされたとしても、それにとらわれることなく、耐え忍び、慈悲の振る舞いを貫き通すということです。

また、本書の第3章でも触れたように、『法華経』信奉者たちは、愚かな男性出家者たちから「こいつらはブッダになるんだってよ」と誹謗《ひぼう》されても、「これらの男性出家者たちもまたブッダになるのだ」と受け止めて誹謗に耐えていました。
それは、原始仏典の『ウダーナ・ヴァルガ』の次の一節そのままの態度でした。

実にこの世においては、およそ怨《うら》みに報いるに怨みを以《もっ》てせば、ついに怨みの息《や》むことがない。堪《た》え忍ぶことによって、怨みは息む。これは永遠の真理である。怨みは怨みによっては決して静まらないであろう。怨みの状態は、怨みの無いことによって静まるであろう。

（中村元訳『ブッダの真理のことば・感興のことば』二〇三頁）

こうしたことを文字通りに実践したのが、第十九章「常不軽品」（第二十）の常不軽菩薩でした。その振る舞いによって、対立と分断を超え、人間の尊さと、平等、融和が実現されると考えていたからです。

読書案内

「はじめに」でも述べましたが、筆者は、岩波文庫版『法華経』の岩本裕訳に五百カ所近い疑問を禁じえず、その問題点を注釈で綿密に検討しながら一八三七年にネパールで発見されたサンスクリット写本を基に校訂された「ケルン・南条本」を底本として次の四段階で現代語訳しました。

①『梵漢和対照・現代語訳　法華経』上・下巻、岩波書店、二〇〇八年
②『サンスクリット原典現代語訳　法華経』上・下巻、岩波書店、二〇一五年
③『サンスクリット版縮訳　法華経　現代語訳』、角川ソフィア文庫、二〇一八年
④『梵文「法華経」翻訳語彙典』上・下巻、法藏館、二〇二〇年

筆者が二〇〇一年にお茶の水女子大学に提出した博士論文「仏教におけるジェンダー平等の研究　『法華経』に至るインド仏教からの考察」（二〇一八年に講談社学術文庫『差別

の超克　原始仏教と法華経の人間観』として出版）を執筆する際、引用する文献でサンスクリット原典の存在するものはすべて自分で現代語訳して引用しました。『法華経』の私の訳と、鳩摩羅什《くまらじゅう》による漢訳と、岩波文庫『法華経』の岩本訳を突き合わせてみて、岩本訳に多くの疑問を感じたのです。

筑波大学名誉教授の三枝充悳《さいぐさみつよし》先生に相談すると、「自分で納得のいく訳を出しなさい」と励まされました。筆者は、「ケルン・南条本」からの現代語訳に八年がかりで取り組んだ末に、①を上梓したことは「はじめに」で述べた通りです。

翻訳作業に当たっては、「正確を期す」「意訳・深読みをしない」「掛詞《かけことば》を見落とさずに訳出する」「曖昧《あいまい》さを残さない」――の四つの原則を自らに課しました。

そのために、サンスクリット原典の全文を一つひとつのセンテンスに区切り、すべての単語について品詞を明らかにし、名詞であれば性・数・格、動詞であれば人称・数・態・時制など文法的なことを分析した上で、和訳と漢訳語、音写語を挙げ、連声《れんじょう》（二つの語が連接するときに起こる音変化の規則）の仕方、構文の分析を行ない、そのすべてを文法的特記事項とともに書き残しながら翻訳の作業を進めました。その文法的分析に基づいてなされた私の現代語訳が、サンスクリット原文と鳩摩羅什の漢訳書き下し文を対照させて、各センテンスごとに並べてあります。それを自分で〝翻訳作業ノート〟

と呼んでいました。その〝翻訳作業ノート〟の出版が④です。これは、〝『法華経』を学びながらサンスクリットが学べ、サンスクリットを学びながら『法華経』が学べる書〟と言えます。

この〝翻訳作業ノート〟のおかげで、再検討、再確認、推敲《すいこう》もスムーズに行なうことができて、①を完成させることができました。

その後、ハンディーで持ち歩ける普及版として②を出版しました。

①は、漢訳、およびサンスクリットと対照訳にしたことで、日本語として理解できるぎりぎりの範囲内でサンスクリットのニュアンスを残すという訳し方をしていましたが、②は対照訳ではないので、日本語らしい文章にすることに努めました。特にインド的な言い回しは、日本語らしい表現に改めました。例えば、如来《にょらい》が亡くなる場面の描写は、①ではサンスクリットの表現を生かして「〔燃焼のための〕必須条件〔である油〕が尽き果てた燈明《とうみょう》のように」としていましたが、②では「油がなくなって燈明が燃え尽きるように」と改めました。

ＮＨＫ－Ｅテレの番組「１００分de名著」の二〇一八年四月放送の〝名著〟が『法華経』となり、②が取り上げられ、筆者が〝指南役〟を務めました。何よりも女優の余貴美子《よきみこ》さんによる拙訳の朗読は素晴らしいものでした。聴いているだけで、命の底から力強さが込み上げてくる思いでした。それを聴きながら、月刊誌『思想の科学』の元編集代表である室謙二《むろけんじ》氏から、「耳で聴いただけで分かる訳を」という要望を受けていたことを思い出し、さらに拙訳に手を入れて③となりました。

③では、インドの書物によく見られるしつこいほどの繰り返しや、呼びかけの言葉を、くどさを感じない程度に簡略化しました。重複した箇所を割愛し、過剰な修飾語や形容詞、過剰な述語動詞の羅列は簡略化しました。サンスクリットでは、主語や目的語に固有名詞が繰り返して用いられる文章が頻出《ひんしゅつ》しますが、煩雑《はんざつ》さを解消するためにその多くを代名詞に替えました。それによって、①に比べて五〇％ほどの文字数に減らすことができました。

以上の作業も、ストーリーにはまったく影響しないように配慮してあります。むしろ、三段階にわたって手を入れたことで、ぜい肉がそぎ落とされ、筋肉質の文章に変身して、スムーズに読みやすい文章になったことは間違いありません。『法華経』の全体像を知るには、③が最も読みやすくなっていると思います。

ただ、文献的な確認や、詳細についての検討を要する人は、時に応じて①、ないし②も参照した方がいいでしょう。サンスクリットの一つひとつの単語にまでさかのぼって確認したいときには、④が役立つでしょう。①が梵・漢・和の文章をページ単位で対照させているのに対して、④は一つの文章ごとに梵・漢・和を対照させていて、しかもすべての単語について文法的な説明がなされているので、④の方が便利でしょう。

東京大学名誉教授の中村元先生は、「漢訳だけを頼りにしていると危険です。サンスクリット原典のあるものは必ず原典にも当たるように」と常々おっしゃっていました。④は、それを誰もができるようにしたものです。

『法華経』などの初期大乗仏典の偈（詩句）に頻出する仏教混淆《こんこう》梵語の性・数・格を判定するのは、大変な困難を伴うものですが、④には、自作の十八頁に及ぶ「付録＝仏教混淆梵語の格語尾早見表」を巻末に付けたので有益だと思います。

もう一つ、『法華経』を理解するための経典として、

⑤『サンスクリット版全訳　維摩経　現代語訳』、角川ソフィア文庫、二〇一九年

⑥『梵文「維摩経」翻訳語彙典』、法藏館、二〇一九年

を挙げておきます。もはやサンスクリット原典は存在しないと言われていた『維摩経』の写本が一九九九年に発見されました。それからの現代語訳です。『法華経』は諸経を総合して一つに帰せしめる万善同帰《まんぜんどうき》教《きよう》、『維摩経《ゆいまきよう》』は小乗を弾劾《だんがい》・呵責《かしやく》する大乗（方等）として方等弾呵《ほうどうだんか》教《きよう》と位置付けられました。『維摩経』の〝否定〟から『法華経』の〝肯定〟へというプロセスとして読むことで、両者の意義も把握できると思います。

おわりに

中村元先生がご存命中には、中村先生を訪ねて東方学院に多くの海外の学者が訪ねてみえました。中村先生は、その度に、私たちのためにその識者の話を聞く機会を作って下さいました。おかげで多くの識者との出会いがありました。その中の一人にインドのカルカッタ（現コルカタ）にあるタゴール大学学長のバッタチャリヤ博士がいらっしゃいました。博士は、大学の創立者ロービンドラナート・タゴールの仏教思想について講演されました。「アジアは一つでなければならない。それは、政治や武力によるものではなく、文化によってである」「かつて、アジアが文化的に一つであった時代があった。それは仏教によって実現していた」と、タゴールは考えていたという趣旨の話をされ、タゴールが仏教を大変に重視していたことを紹介されました。

筆者は、「インドでは十三世紀初頭に仏教徒は限りなくゼロに近くなってしまい、現在でも全人口の〇・八％となっていますが、それでもタゴールが仏教を重視していたのは、仏教のどういう点を評価していたのでしょうか？」と質問しました。それに対する

答えは、
①仏教は徹底して平等を説いた。
②仏教は迷信やドグマや占いなどを徹底して排除した。
③西洋はゴッド（神）に対する約束事として倫理を説いたのに対して、仏教は人間対人間の現実において倫理を説いた。
の三点を挙げて、タゴールは、「仏教は二十一世紀に重要な思想になるでしょう」と語っていたと結ばれました。いずれも原始仏教の特徴として挙げられるものです。筆者は、この三点に、
④仏教は「法」（人間として在るべき普遍的真理）と、〝真の自己〟に目覚めることを重視した。
を加えて、仏教の基本思想について考察を加え、『仏教、本当の教え　インド、中国、日本の理解と誤解』（中公新書）の第一章をまとめました。

こうした仏教の特質も釈尊の滅後、時とともに大きく歪《ゆが》められ、在家や女性に対する差別、迷信じみたものの導入、釈尊を人間離れしたものに祭り上げる神格化などとともに権威主義化が進行していきました。

このような仏教を小乗（hīna-yāna《ヒーナ・ヤーナ》）と貶称《へんしょう》し、自らを大乗（mahā-yāna《マハー・ヤーナ》）と称して、

本来の仏教に還る運動として大乗仏教が興りました。その中でも『法華経』が、小乗と大乗の対立を超えた平等思想を唱え、男女の平等を訴え、人間という原点に回帰し、人間対人間の関係性を通しての利他行を強調して、本来の仏教に還ることを訴えました。

日本仏教においては、聖徳太子、伝教大師、道元、日蓮らが『法華経』に注目しました。その中でも日蓮は、鎮護国家《ちんごこっか》の国家仏教の域を出ない祈禱《きとう》仏教となった仏教界にあって、『法華経』の重要性を訴えた人でした。

奇《く》しくもこの原稿を執筆している本日（三月二十八日）は、旧暦では二月十六日に当たります。それは、〝数え年〟で数えれば、ちょうど日蓮生誕八百年の日に当たります。日蓮系各宗派では、新暦の二月十六日に記念行事が催されたようですが、正確には本日が八百年目に当たります。

筆者も、生誕八百年を記念する出版として角川ソフィア文庫編集部から『日蓮の手紙』の原稿を依頼されて執筆し、この夏の出版を予定しています。その原稿を書くに当たって、日蓮の諸著作を読破してみて、日蓮の『法華経』に対する熱い思いを随所で知ることができました。その『法華経』の人間観に裏付けられて、日蓮の手紙（消息文）は、相手の性格、人柄、能力、立場、情況などに応じて、弁護士、教育者、心理学者、演出家、劇作家、戦略家、詩人、ネゴシエーター（交渉人）であるかのような多彩な文章を綴り、子を亡くした母の悲しみに寄り添い、少年には父が子に噛《か》んで含めるように語って聞かせるような文章をしたためています。困窮している人には、現実的で極めて具体的な教示を与えていて、精神論の欠片《かけら》もなく、抽象的な答え方は全くしていません。

多くの研究者が日蓮について国家主義者・国粋主義者だと評しているのに反して、人間性豊かな文章に心打たれました。それは、日蓮の手紙に関心を深めておられるフランスの社会学者で哲学者のラファエル・リオジエ氏（一九六七〜）とも確認しあいました。

日蓮は、『立正安国論』（一二六〇年）の草案として『守護国家論』（一二五九年）をしたためていますが、その冒頭で、「国主と成つて民衆の歎《なげ》きを知らざるに依《よ》り」という言葉を記していて、ここに『立正安国論』を執筆した日蓮の動機の一端がうかがわれます。日蓮の〝立正安国〟には、日蓮が愛読していた呉兢《ごきよう》編『貞観政要《じようがんせいよう》』の「国主は、どこまでも人民のために奉仕すべきである」という理念や、『法華経』の人間を尊重する精神が一貫していることを知りました。

ところが、日本において、仏教は当初から鎮護国家の仏教として受け容れられ、貴族仏教の性格が強く、人民への共感は乏しかったと言えます。戸頃重基《ところしげもと》博士（一九一一〜一九七七）の表現を借りれば、「鎮護国家という名の天皇制祈禱仏教」「貴族趣味や武家好みの、人民搾取《さくしゆ》の象徴にすぎない豪壮華麗な殿堂伽藍《がらん》仏教」（『日蓮教学の思想史的研究』

二三六頁）ということでした。それは、仏教が、朝廷や幕府と癒着《ゆちゃく》の関係にあったということでもあります。

中村先生が、日本の仏教受容の仕方について、所詮はシャーマニズムの域を出ることがなかったと指摘されていた（決定版『日本人の思惟方法』四五五〜四七〇頁）のはこうしたことも含まれるのでしょう。日本仏教は、伝来当初から鎮護国家のための祈禱を行なうことが中心の貴族仏教であったと言えます。

それに対して日蓮は、『法華経』の人間尊重の精神に立って、人々の苦しみを軽減することが国主の使命であり、仏教の果たすべきことだと訴えていたと言えます。しかも日蓮は、貪欲さの追及が人類の滅亡をもたらすことを警告していたことも知りました。

末法《まつぽう》になり候《そうら》へば、人のとんよく（貪欲）、やうやくすぎ候《そうらい》て〔中略〕天もその国をすつれば、三災七難、乃至《ないし》一二三四五六七の日いでて、草木か（枯）れうせ、小大河もつ（尽）き、大地はすみ（炭）のごとくをこり、大海はあぶら（油）のごとくになり、けつくは無間《むけん》地獄より炎いでて、上《かみ》梵天まで火炎充満すべし。これてい（是体）の事いでんとて、やうやく世間はをと（衰）へ候《そうろう》なり。

（『兵衛志殿御返事《ひようえさかんどのごへんじ》』）

多くの太陽が出るということは、高温にさらされることととらえられ、その結果、草木が枯れ、河川が乾涸《ひから》び、大地は炭が燃えるように熱く焼かれ、大海の水温が上昇し、大地の底から炎が燃え上がり、天高く炎に包まれるというのです。

これは近年、顕著になり始めた温暖化、気候変動の様相そのままです。われわれは空気中に生息しているから、その深刻さを感じにくいのでしょう。サウナで空気の九〇度には耐えられますが、水の九〇度では身体は煮えて死んでしまいます。気温が一度や、二度上昇しても大したことないと思うかもしれませんが、海水の一度、二度の上昇は、風呂の設定温度に置き換えてみればいいでしょう。熱くてたまりません。海に生きる生きものは生息困難で、魚介類は死滅します。温度上昇で水蒸気の量が増え、台風のエネルギーが強化され、トラックも宙に浮くほどの風速六十メートル級の暴風が当たり前になり、一時間降水量八〇ミリ以上といった大水害も常態化してきました。

例年の四倍という昨年（二〇二〇年）来の大雪も、日本海の水温上昇で水蒸気が増加したことによるものです。昨年、何カ月も燃え続けたオーストラリアの森林火災は、気温の上昇と乾燥によるもので、大都市の空を真っ赤に染め、煙と煤《すす》で呼吸も大変なほどだったと報じられました。地表の草木が燃え尽きた後も、根っこが炭化し熾火《おきび》となって燃え続け、大地は熱かったと聞きました。まさに「大地はすみ（炭）のごとくをこり」「無間地獄より炎いでて、上梵天まで火炎充満す」そのままでした。これは、〝対岸の火事〟ではありません。シベリアでは昨年、温暖化で最高気温が三十五度を記録し、永久凍土が解けて、露出した土壌から強烈な感染力を持つ未知のウイルスが発見されました。何万年もかけて永久凍土に閉じ込められてきた大量の温室効果ガスが、大気中に放出されれば、温暖化は一気に加速します。

昨年来、新型コロナ・ウイルスによって人類が脅かされていますが、感染から発症するまでの二週間の時間差に悩まされてきました。ところが、温暖化のツケは数十年ほど後に顕在化します。それも取り返しのつかない状態となってからです。核廃棄物は物によっては何万年という単位で放射性を維持し続けます。そのツケは若い人たち、これから生まれてくる人たちに回されるのです。今、政治の世界で権威をふるい、利権をほしいままにし、権力闘争に明け暮れているのは老人の政治家で、そのツケが顕著になる頃は、この世の人ではありません。

温暖化への対応は、この十年が勝負の分かれ目だと言われています。ところが、老人の政治家たちは、全く無頓着なようです。この理不尽さに黙っておれなくて、声を上げたのが、若きスウェーデンの環境活動家であるグレタ・トゥーンベリさん（二〇〇三～）

でした。その叫びは、真実であり、切実です。

日蓮が『法華経』をはじめとして、『金光明最勝王経《こんこうみょうさいしょうおうきょう》』『薬師経』などの仏典を踏まえて、『立正安国論』で叫んでいたことは、このような人類的危機を前にして、国主は責任ある政治を行なうべきだという警告だったのだと思います。賢い人も、身分の低い人も皆、分かっていることでありながら、貪《とん》（貪欲）・瞋《じん》（憎悪）・癡《ち》（愚かさ）の三《さん》毒《どく》という酒に酔ってしまってズルズルと破滅に向かうことを日蓮は危惧していました。それは、七百六十年後の今日のために書かれていたのではないかとすら思えてきます。

二〇二一年三月二十八日

十年前の三月二十六日に亡くなったニューヨーク州立大学名誉教授のケネス・K・イナダ先生を偲びつつ

植木雅俊

本書は、「ＮＨＫ１００分de名著」において、２０１９年11月にアンコール放送された「法華経」のテキスト（本放送は２０１８年４月）を底本として、引用を著者訳『サンスクリット版縮訳　法華経　現代語訳』（角川ソフィア文庫）に変更、さらに一部を加筆・修正し、新たにブックス特別章「対立と分断から融和へ」、読書案内などを収載したものです。

装丁・本文デザイン／菊地信義＋水戸部 功
編集協力／山下聡子、福田光一、湯沢寿久、
小坂克枝
図版作成／小林惑名
本文組版／㈱ノムラ
協力／ＮＨＫエデュケーショナル

p.001『法華経』のサンスクリット写本（大英図書館蔵）
p.017、p.057、p.091、p.125　一字一仏法華経（善通寺蔵）

植木雅俊（うえき・まさとし）

1951年長崎県生まれ。九州大学理学部物理学科卒業、同大学院理学研究科修士課程修了。東洋大学大学院文学研究科博士後期課程中退。1991年から東方学院で中村元に師事し、2002年にお茶の水女子大学で男性として初の博士（人文科学）の学位を取得。NHK文化センター講師なども務める。著書に『仏教、本当の教え　インド、中国、日本の理解と誤解』、『法華経とは何か　その思想と背景』（中公新書）、『仏教学者中村元　求道のことばと思想』（角川選書）、『人間主義者、ブッダに学ぶ　インド探訪』（学芸みらい社）、『梵文『法華経』翻訳語彙典　全2巻』（法藏館）など多数。訳書に『梵漢和対照・現代語訳　法華経』（上下巻、第62回毎日出版文化賞）、『サンスクリット原典現代語訳　法華経』（上下巻）、『梵漢和対照・現代語訳　維摩経』（第11回パピルス賞、岩波書店）などがある。

NHK「100分 de 名著」ブックス
法華経〜誰でもブッダになれる

2021年6月25日　第1刷発行

著者――――植木雅俊
発行者―――森永公紀

発行所―――NHK出版

〒150-8081　東京都渋谷区宇田川町41-1
電話　0570-009-321（問い合わせ）　0570-000-321（注文）
ホームページ　https://www.nhk-book.co.jp
振替 00110-1-49701

印刷・製本―廣済堂

Printed in Japan　ISBN 978-4-14-081857-2 C0015

NHK「100分de名著」ブックス